Nous remercions la ville de Nanterre,
qui nous a permis de développer notre projet
de philosophie à l'école primaire,
les enseignants qui se sont lancés
dans cette aventure, et tous les enfants
de la ville qui ont tenté de redonner
sens et vigueur à la parole.

Toute notre reconnaissance à Isabelle Millon,
pour sa précieuse collaboration.

Direction d'ouvrage : **Cécile Jugla**

Philo Z enfants

La liberté, c'est quoi ?

Texte d'Oscar Brenifier
Dessins de Frédéric Rébéna

Nathan

Des questions ?
Pourquoi des questions ?

Les enfants se posent des questions, toutes sortes de questions, souvent importantes. Que faire de ces questions ?
Faut-il que les parents y répondent ?
Pourquoi répondraient-ils à la place de l'enfant ?

Il ne s'agit pas ici d'exclure la réponse des parents : elle peut aider l'enfant à se constituer. Mais il convient aussi d'apprendre à l'enfant à penser et juger par lui-même, à réfléchir pour pouvoir acquérir sa propre autonomie et devenir responsable.

Dans les différents ouvrages de la collection Philozenfants, à chaque question s'offrent plusieurs réponses.
Certaines paraîtront évidentes, d'autres mystérieuses, étonnantes, déroutantes. Toutes feront l'objet de nouvelles questions, car la pensée est un chemin qui ne connaît pas de fin.

Ces dernières questions resteront peut-être sans réponse.
Tant mieux. Il n'est pas indispensable de répondre.
Une question peut être aimée pour elle-même, uniquement parce que c'est une belle question, parce qu'elle présente un beau problème, porteur de sens et de valeur.
Ainsi, la vie, l'amour, le beau ou le bien resteront-ils toujours des questions.

Mais des pistes se dessineront. Examinons-les, apprécions-les comme de véritables amis qui veulent nous garder éveillés.
Et prolongeons ce dialogue, en pariant qu'il apportera autant aux enfants qu'aux parents.

Oscar Brenifier

Sommaire

Peux-tu faire tout ce que tu veux ?

NON, JE NE PEUX PAS VOLER COMME UN OISEAU.

N'es-tu pas libre
de prendre l'avion ?

Un oiseau sait-il qu'il vole ?

Un oiseau peut-il décider
de ne pas voler ?

Te sens-tu condamné
à être un homme ?

OUI, SI JE SAIS CE QUE JE VEUX ET QUE JE LE VEUX VRAIMENT.

Peux-tu te tromper
en étant sûr de toi ?

Et si tu es sûr de vouloir
vraiment tuer quelqu'un ?

Est-ce une erreur de faire quelque
chose lorsque l'on doute ?

Peux-tu empêcher quelqu'un
de mourir si tu le veux vraiment ?

Peux-tu faire tout ce que tu veux ?

NON, JE NE PEUX PAS MANGER 1 KILO DE BONBONS SANS TOMBER MALADE.

Dois-tu toujours écouter ton corps quand il se plaint ?

Ton corps a-t-il toujours raison de tomber malade ?

Es-tu prisonnier de ton corps ?

Dois-tu être dirigé par ton corps, tes envies ou ta raison ?

Les hommes sont-ils sages et raisonnables ?

Est-ce sage et raisonnable d'être amoureux ?

N'apprends-tu pas à être sage en faisant des bêtises ?

Peux-tu toujours écouter ta raison avant d'agir ?

NON, PARCE QUE
j'AI ENVIE DE TOUT FAIRE.

Peux-tu vraiment savoir
tout ce que tu peux faire ?

As-tu alors aussi envie
de ne rien faire ?

Veux-tu à la fois rester chez toi
et partir en voyage ?

Peux-tu agir si tu as
du mal à te décider ?

OUI, SI JE SUIS ASSEZ FORT ET COURAGEUX.

Ce que tu veux est-il toujours dangereux et difficile ?

Suffit-il d'avoir de la force et du courage pour pouvoir agir ?

Les forts sont-ils toujours plus libres que les faibles ?

Ne te faut-il pas aussi du courage pour renoncer à faire ce que tu veux ?

Tu penses que c'est en faisant tout ce que tu veux que tu seras vraiment libre. La vie, les autres, toi-même imposent pourtant des limites à ta volonté. Ainsi, que tu le veuilles ou non, tu es un être humain, restreint par un corps fragile qui tombe malade, sans que tu l'aies décidé. Et puis, tu ne sais pas toujours ce que tu veux, tu changes souvent d'avis. Parfois aussi, ta raison t'empêche de réaliser des projets qu'elle juge trop dangereux. Et quand tu te décides, tu t'aperçois que ta volonté ne suffit pas nécessairement, qu'il te faut aussi du courage et de la force pour agir. Il t'arrive alors de baisser les bras, surtout si tu as envie de tout faire. Pour être libre, encore faut-il savoir choisir...

Te poser cette question, c'est donc...

... reconnaître ce qui dépend ou non de ta volonté.

... apprendre à ne pas être prisonnier de rêves impossibles.

... faire la différence entre une envie spontanée et une volonté mûrement réfléchie.

... savoir écouter à la fois ta volonté, tes sentiments et ta raison.

Les autres t'empêchent-ils d'être libre ?

OUI, MES PARENTS ME COMMANDENT

T'empêchent-ils d'être libre si leurs ordres sont justes et utiles ?

N'es-tu pas libre d'exprimer ton désaccord et de désobéir ?

ET LA MAÎTRESSE TOUT LE TEMPS.

Peux-tu te diriger tout seul ?

Tout le monde a-t-il également le droit de te commander ?

NON, LES GENS QUI M'AIMENT ME DONNENT DES AILES.

La confiance qu'ils te donnent peut-elle aussi t'aveugler ?

Et s'ils refusent que tu les quittes pour faire ce qui te plaît ?

Ne dois-tu pas plutôt t'aimer toi-même pour avoir confiance en toi ?

Tes ennemis peuvent-ils aussi te donner des ailes ?

OUI, PARCE QUE JE ME SENS OBLIGÉ DE COPIER LES AUTRES POUR LEUR PLAIRE.

Ne peux-tu pas plaire
aux autres sans les copier ?

Doit-on obligatoirement
être différent des autres
pour être libre ?

Est-ce toi-même ou les autres
qui t'obligent à les copier ?

Ne ressembles-tu pas
aux autres de toute façon ?

NON, CAR J'AI BESOIN DES
ET FAIRE DES CHOSES.

N'es-tu pas plus libre en faisant les choses tout seul ?

Et si les autres t'influencent de manière négative ?

Es-tu libre si tu as besoin des autres ?

Les autres doivent-ils aussi t'apprendre à te débrouiller seul ?

Les autres t'empêchent-ils d'être libre ?

Les autres représentent-ils toujours une menace pour toi ?

Peux-tu vivre librement si tu te protèges sans cesse des autres ?

Sais-tu aussi te défendre de toi-même et de ta peur des autres ?

Si tu te défends des autres, les autres doivent-ils aussi se défendre de toi ?

Pour toi, c'est sûr, les autres sont un frein à ta liberté. Surtout les adultes qui veulent toujours te commander. Mais si les ordres de tes parents t'agacent, leur amour te donne confiance en toi. Tu t'imagines capable de toutes les audaces. Enfin, presque ! Par peur de leur déplaire, tu te crois obligé de les imiter, de penser et de vivre comme eux. Bref, tu ne te sens pas libre d'être toi-même. C'est la même chose avec tes amis. Car tu as besoin d'eux pour agir et t'amuser librement. Parfois tu te dis qu'il serait temps de t'imposer, voire de t'opposer. Et si tu apprenais à faire confiance aux autres en ne craignant pas d'être toi-même ?

Te poser cette question, c'est donc...

... reconnaître les avantages et les inconvénients de vivre avec les autres.

... ne pas te contenter de critiquer les autres, mais apprendre aussi à agir avec eux.

... accepter que chacun a besoin des autres.

... savoir que tu t'empêches parfois tout seul d'être libre.

As-tu besoin de grandir pour devenir libre ?

OUI, CAR SEULS LES ADULTES SONT MAÎTRES DE LEUR VIE

Un adulte n'a-t-il aucun maître à part lui-même ?

Être maître de sa vie, est-ce aussi accepter de ne pas tout maîtriser ?

xiste-t-il un âge précis où
'on devient maître de sa vie ?

Peut-on être maître
de sa vie quand on ne choisit
pas de naître ou de mourir ?

Être libre, n'est-ce pas assumer ses responsabilités ?

Les adultes sont-ils obligé d'être responsables ou le sont-ils librement ?

NON, J'AI MOINS DE RESPONSABILITÉS ET DE SOUCIS QU'UN ADULTE.

Tes responsabilités et tes soucis sont-ils moins importants que ceux d'un adulte ?

Les adultes ne s'inventent-ils pas parfois des responsabilités et des soucis inutiles ?

OUI, PARCE QUE J'AURAI ET QUE JE SAURAI MIEUX

Les adultes n'ont-ils pas des idées toutes faites qui les empêchent de réfléchir ?

N'est-ce pas plus agréable de vivre sans se poser de questions ?

N'es-tu pas plus libre si tu agis spontanément sans réfléchir ?

PLUS D'EXPÉRIENCE
RÉFLÉCHIR.

La liberté, est-ce toujours faire ce qui nous plaît ?

N'est-ce pas plutôt tes parents qui te laissen faire ce qui leur plaît ?

Seras-tu libre plus tard si aujourd'hui tu ne fais que t'amuser ?

Doit-on prendre la vie comme un jeu pour être libre ?

OUI, CAR J'AURAI MOINS PEUR, EN ÉTANT GRAND.

La peur empêche-t-elle toujours d'être libre ?

La liberté, est-ce ne plus avoir peur ou surmonter ses peurs ?

La peur nous protège-t-elle parfois du danger ?

En grandissant, n'a-t-on pas de nouvelles raisons d'avoir peur ?

Tu te sens moins libre que tes parents,
parce que tu as besoin d'eux pour vivre. Pourtant, si un adulte est capable de s'assumer seul, il a aussi plus d'obligations vis-à-vis de sa famille, de son travail ou de la société. Préoccupé par ses responsabilités, il n'est parfois plus capable de s'amuser comme tu le fais. Mais toi aussi, il t'arrive d'être inquiet et d'avoir peur. En puisant dans son expérience, l'adulte, lui, peut souvent mieux réfléchir et raisonner ses peurs. Mais parce qu'il a déjà vécu, il croit connaître le monde et se retrouve prisonnier d'idées toutes faites. Ainsi, si l'enfant a besoin de grandir pour devenir responsable, l'adulte doit se souvenir de son enfance pour garder un regard libre sur le monde et la vie.

Te poser cette question, c'est donc...

... te rendre compte que la liberté s'apprend tout au long de la vie.

... t'apercevoir que la liberté peut prendre des formes différentes selon les âges.

... entendre tes peurs sans les laisser te dominer.

... savoir profiter pleinement de chaque instant, sans crainte du lendemain.

Un prisonnier peut-il être libre ?

NON, PARCE QU'ON LUI INTERDIT D'ALLER OÙ IL VEUT.

Oui, mais...

Peut-on lui apprendre
à respecter la liberté
des autres en le privant de liberté ?

Sera-t-il plus libre s'il
s'échappe sans exécuter
sa peine ?

Es-tu toujours libre d'aller
partout où tu veux ?

Les interdits empêchent-ils
toujours d'être libre ?

La prison n'emprisonne-t-elle
que le corps des hommes ?

Faut-il fuir
la réalité pour être libre ?

L'imagination et les rêves peuvent-ils remplacer la vie ?

La liberté existe-t-elle uniquement dans nos rêves ?

OUI, S'IL SAIT
ACCEPTER SON SORT
ET GARDER L'ESPOIR

Oui, mais...

Doit-on accepter son sort lorsqu'on est injustement puni ?

Accepter son sort, n'est-ce pas permettre aux autres de diriger notre vie ?

Et si pour être libre, il valait mieux ne rien espérer, ne rien attendre ?

Peut-on garder espoir sans chercher à améliorer son sort ?

NON, PARCE QU'IL EST
REJETÉ PAR LA SOCIÉTÉ.

N'est-ce pas le prisonnier qui a d'abord décidé de rejeter la société ?

Exclut-on un homme de la société en le mettant en prison ?

Vivre en société ne nous empêche-t-il pas aussi d'être libre ?

La société ne rejette-t-elle pas aussi certains artistes qu'elle juge trop libres ?

NON, PARCE QU'IL NE PEUT PAS RÉALISER SES PROJETS.

Oui, mais...

Les projets ne
finissent-ils pas
par encombrer notre existence ?

Être libre, n'est-ce pas
vivre le présent sans
se soucier du lendemain ?

L'intérêt d'un projet est-il
toujours d'être réalisé ?

Faut-il obligatoirement
agir pour être libre ?

Parce qu'il est enfermé, le prisonnier est, aux yeux de tous, un homme privé de liberté. Pourtant, si son corps est attaché, son esprit reste libre de créer et de s'évader hors des murs de sa prison. Mais sa pensée n'est-elle pas limitée par les interdits qu'il subit chaque jour ? S'il est libre de faire des projets, le prisonnier est, en effet, empêché de les réaliser. Il peut alors perdre espoir et se sentir enfermé dans un présent qui ne lui convient pas. Plutôt que de fuir la réalité par le rêve, peut-être doit-il accepter ce qui lui arrive, redevenir acteur de sa vie sans se sentir victime de la société. Et gagner ainsi le sentiment d'être libre. Comme nous tous, prisonniers de nous-mêmes, qui devons décider de notre vie à chaque instant.

Te poser
cette question,
c'est donc...

... accepter que la vie ne correspond pas toujours à tes rêves.

... assumer tes actes et leurs conséquences.

... reconnaître qu'un homme n'est pas limité à ce qu'il fait.

... apprendre à s'adapter aux circonstances de la vie.

A-t-on tous le droit d'être libres ?

OUI, PARCE QUE LA LIBERTÉ FAIT PARTIE DES DROITS DE L'HOMME.

Les droits sont-ils toujours respectés ?

Doit-on obliger tous les pays à respecter les droits de l'homme ?

Les enfants et les adultes ont-ils les mêmes droits ?

Existe-t-il des droits sans devoirs et sans obligations ?

NON, CAR ON NE
QUAND ON EST

Les riches peuvent-ils être enchaînés à leurs richesses ?

Les riches ont-ils envie que les pauvres soient libres ?

PEUT PAS ÊTRE LIBRE
PAUVRE ET IGNORANT.

A-t-on besoin d'être riche pour être savant ?

Ne faut-il pas oublier ce que l'on sait pour apprendre librement ?

OUI, SI CHACUN RESPECTE LA LIBERTÉ DES AUTRES.

Ne faut-il pas plutôt
que chacun défende
sa propre liberté ?

Toutes les libertés
sont-elles respectables ?

La liberté des autres
est-elle plus importante
que la tienne ?

NON, PAS DANS LES PAYS OÙ

Peut-on empêcher
un homme d'être libre ?

Un homme libre ne l'est-il
pas n'importe où ?

L N'Y A PAS DE DÉMOCRATIE.

Tous les hommes sont-ils également libres dans une démocratie ?

Suffit-il de voter pour être libre, ou faut-il aussi être informé et savoir réfléchir ?

OUI, SI ON EST PRÊT À SE BATTRE POUR CE DROIT.

La liberté est-elle quelque chose que l'on reçoit une fois pour toute ?

Est-ce soi-même ou les autres qu'il faut combattre pour être libre ?

La liberté mérite-t-elle qu'on meure pour elle ?

Est-ce toujours juste de faire la guerre pour défendre la liberté ?

NON, CAR IL N'Y AURAIT
ET CE SERAIT LA PAGAILLE

Les chefs sont-ils là pour maintenir l'ordre ou pour faire respecter la liberté de tous ?

Peut-il y avoir aussi la pagaille avec un chef

PLUS DE CHEF,

Est-ce mal de vivre dans la pagaille ?

Chacun ne peut-il pas être son propre chef ?

Selon la déclaration des droits de l'homme, la liberté est un droit pour tous. Pourtant, quand tu observes le monde, tu t'aperçois que certains hommes sont moins libres que d'autres, parce qu'ils sont pauvres et ignorants, ou qu'ils habitent des pays qui ne respectent pas ce droit. De toute façon, où qu'il vive, l'homme est toujours contraint de combattre pour sa liberté, car celle-ci n'est jamais définitivement acquise. Par ailleurs, pour que le droit d'être libre devienne une réalité pour tous, chaque homme doit respecter la liberté d'autrui, quitte à restreindre la sienne. Il peut même céder un peu de sa liberté individuelle à un chef pour qu'il assure la liberté de tous. Car si la liberté est un droit, elle génère aussi des obligations.

Te poser cette question, c'est donc...

... reconnaître que l'injustice existe sans pour autant baisser les bras.

... accepter que la liberté n'est pas un dû.

... prendre conscience que chacun est responsable de sa liberté et de celle des autres.

... savoir combattre lorsque cela est nécessaire et possible.

À quoi peut te servir ta liberté ?

À quoi peut te servir ta liberté ?

Dois-tu utiliser ta liberté pour être heureux ou pour rendre les autres heureux ?

Est-ce toujours facile et agréable de pouvoir faire ce que tu veux ?

À ÊTRE HEUREUX.

La peur d'être malheureux
peut-elle nous empêcher
de prendre librement des risques ?

Peux-tu être à la fois libre
et malheureux ?

À ASSUMER D'ÊTRE GROS OU PETIT, ET À LE FAIRE ACCEPTER AUX AUTRES.

Dois-tu forcer les autres
à accepter ton image ?

Ne dois-tu pas aussi
accepter que les autres
soient minces ou grands ?

Seras-tu plus libre
en te souciant moins
de ton apparence ?

As-tu besoin de l'accord
des autres pour assumer
ce que tu es ?

À CHERCHER DES IDÉES NOUVELLES POUR FAIRE AVANCER LE MONDE.

Les idées nouvelles font-elles toujours du bien au monde ?

Ne dois-tu pas commencer
par comprendre le monde ?

Ne dois-tu pas
d'abord chercher
à te faire avancer toi-même ?

À CHOISIR LE MÉTIER QUE JE VEUX ET DONNER UN SENS À MA VIE.

Un métier sert-il
à gagner sa vie ou
à lui donner du sens ?

Ta vie n'aura-t-elle aucun
sens si tu n'exerces pas
le métier que tu veux ?

Est-on obligé de travailler
pour être libre ?

Faut-il aussi apprendre à
ne rien faire pour trouver
un sens à la vie ?

Ne faut-il pas plutôt se libérer de soi ?

N'est-ce pas en découvrant tes limites que tu peux être toi-même ?

N'es-tu pas déjà toi-même ?

Vivre, est-ce naître à chaque instant ?

À RIEN,

Apprendre à mourir peut-il nous apprendre à vivre ?

N'es-tu pas libre d'écrire ta vie et de faire reculer la mort ?

CAR DE TOUTE FAÇON, MON DESTIN EST DE MOURIR UN JOUR.

Ne peut-on pas choisir
de mourir ?

La mort est-elle plus forte
que la vie ?

La liberté est défendue et chérie comme un trésor. Tout le monde veut être libre pour des raisons différentes qui ne vont pas toujours ensemble. Pour la plupart d'entre nous, en effet, la liberté est un moyen de s'épanouir individuellement, de s'assumer, de mieux se connaître ou de donner un sens à sa vie. Pour d'autres, la liberté n'a de valeur que collective : elle doit être utile au monde et à tous les hommes. En revanche, pour certains, la liberté n'a aucun sens, car, selon eux, l'être humain ne sera jamais maître de son destin. Et si la liberté servait déjà à être reconnue et appréciée pour ce qu'elle est... comme la vie ?

Te poser cette question, c'est donc...

... réaliser que la liberté ne soigne pas tous les maux.

... comprendre que les grandes idées sont utiles aux hommes pour vivre.

... reconnaître que la liberté n'est pas toujours ce qu'il y a de plus important.

... agir sans rien attendre des autres.

Oscar Brenifier

Docteur en philosophie et formateur, il a travaillé dans de nombreux pays pour promouvoir les ateliers de philosophie pour les adultes et la pratique philosophique pour les enfants. Il a déjà publié la collection « L'apprenti philosophe » aux Éditions Nathan, un manuel pour enseignants, *Enseigner par le débat*, aux Éditions CRDP, et un recueil de *Contes philosophiques* aux Éditions Alcofribas Nasier.

Site web : http://www.brenifier-philosopher.fr.st/

Frédéric Rébéna

Il y a bien une chose dans la vie qui rend Frédéric Rébéna admiratif, ce sont les gens qui dansent, qui se libèrent en dansant, lui qui, dans les soirées, reste le plus souvent assis ou debout, toujours immobile, dans l'impossibilité d'esquisser le moindre mouvement, tétanisé et transpirant. Alors si on lui demande : « La Liberté, c'est quoi ? », il répond : « DANSER », sans hésiter. Chaque jour, pourtant, il se libère au travers du dessin, et le dessin lui-même se libérant, il se sent de plus en plus à l'aise dans la vie... sauf, peut-être, quand les gens dansent autour de lui !

Dépôt légal : février 2012
Loi n° 49-956 du 16 juillet 1949 sur les publications destinées à la jeunesse, modifiée par la loi n°2011-525 du 17 mai 2011.
N° de projet : 10210677
ISBN : 978-2-09-253540-0
Achevé d'imprimer en France par Loire Offset Titoulet (42900, Saint-Etienne)

人氣管理

幸福學

一個人想要活得好，
想要面對變局不斷的人生，人氣少不了。

人氣不需做作栽培、不是費力討好。
願意欣賞，願意鼓勵；
願意聆聽，願意祝福；
願意微笑，願意理解——
小祕訣就能讓你增添好人氣！

【自序】

幸福人生一定要有人氣

人氣學裡頭有一些必要的真理，誠懇是最重要的法則。如果你值得信任，你總是懷抱著樂觀，你的人氣一定少不了。

吳淡如

我們都曾經看過許多東山再起的故事。

故事通常是這樣的：一個人兢兢業業地做生意，然而，天有不測風雲——他被倒了債、或做錯了決策，好好的生意失敗了，一夕之間家產散盡，感覺活著實在沒什麼意思。度過了一大段沮喪消沉的日子之後，在另一半的鼓勵下，他站起來了，又得到了朋友的信任與支持，使他重新打造自己的前途。終於，他又回到風光的日子，然後，他感激地說：「謝謝……對我的支持。」

我們也都曾看過許多一蹶不振的人。

只是一個挫敗、一次失戀，他的一生就懨懨無生氣，甚至想要走上絕路。

他不一定要失敗到凡人無法忍耐的地步，有些人，所擁有的資產還勝過世上無數人——可是他卻怎麼也想不開——他並非沒有關心他的伴侶和朋友，然而他卻關起了心裡的那一道閘門，不讓感情溫暖他的心，把自己鎖在孤冷的小監獄裡，漸漸感到絕望和窒息。他們會對自己說：「就算我發生什麼事，對別人也是不痛不癢的吧。」

一個人想要活得好，想要面對變局不斷的人生，人氣少不了。

人氣，指的是你的人際關係狀況。有人需要你，喜歡你，欣賞你，和你在一起如沐春風，開心的時候會想到你，悲傷的時候有人陪伴你。讓你覺得自己有一點重要，對別人也有一點責任。

人氣，也與你可以接納多少關懷、願意付出多少有關。你所付出的和你所接納的未必等值，但多少會成正比。

人氣不需做作栽培，不是費力討好。

願意欣賞，願意鼓勵，你一定有好人氣。

願意聆聽，願意祝福，你一定有好人氣。

願意微笑，願意理解，你一定有好人氣！

你用什麼樣的臉孔對待這個世界，世界會依樣奉還給你。

人氣學裡頭有一些必要的真理，誠懇是最重要的法則。如果你值得信任，你總是懷抱著樂觀，你的人氣一定少不了。

如果你出爾反爾，如果你心機用盡，只顧獲取自己的利益，那麼久而久之，不會有任何人願意靠近你。

然而，人氣學裡也有一些小小的「眉角」：很多人誤以為，只要用我的「本色」來面對人，別人就該接受你。

其實，有些不經過修飾的本色實在不夠圓融、不夠體貼，甚至充滿了情緒與偏見，是很不好相處、甚至是很傷人的。

對待一個人的方式，也要因人制宜。否則，空有熱心，也常會貼上冷屁股，自討了沒趣。

我們常聽人家抱怨：「我這樣對待他，他竟然這樣對待我！」問題經常就出在這裡。

當然，你不需要討好每個人。這個世界上，大部分的人都有朋友，身邊也可能有小人。人的內心情感中充滿各種糾結，比如嫉妒心、比較心，即使你是

個大善人，你還是可能會有假的朋友、真的敵人，你不一定要為之愁惱，因為，那很可能是他們自己心理的問題。

你不用太計較。因為「他用什麼樣的臉孔對待這個世界，世界也會依樣奉還給他」。

人氣管理需要一點點晶瑩剔透的聰明和善體人意，一些豁達，還有一些微妙的領悟。

這本書裡，聚集了許多人的故事，寫的就是這一些簡單的領悟了。

Part 1 小心人氣不知不覺被扣分！ 012

目錄 CONTENTS

目錄 CONTENTS

Part 4 職場人氣必修課

目錄 CONTENTS

Part 1

小心人氣
不知不覺被扣分！

說話只顧自己暢快，不顧別人感受；
想討人喜歡，卻表現過頭，顯得做作刻意。
損人不利己的事少做為妙，做人和做事一樣重要，
隨時隨地多用心，讓人氣從負分變正分。

人際關係，關係你的所有感受

人對了，一切都美好，任何波折都是人生深刻的回憶。
適合一同旅行的伴侶，性格上都是隨遇而安的。

跟朋友聊天，提到了威尼斯，有一位朋友形容威尼斯多浪漫、多華麗、多讓她心曠神怡……

另一位則瞪著眼睛說，她也到過威尼斯，天氣不好，東西很貴，服務人員十分不友善，飯店很破舊……貢多拉划到湖心還敲竹槓……簡直是個災難。

喜歡威尼斯的那一位說：「沒錯，我去的時候，天氣也不好，東西也很貴，服務人員也很勢利，住的飯店也不怎麼樣，可是我是和情人去的，當時在熱戀中，所以一切都不要緊。」熱戀的人，眼中只看得見情人，其他風景都是陪襯，就算身旁是一條臭水溝，也覺得它正為愛情唱著幸福頌歌。

不喜歡威尼斯的那一位，則是跟旅行團去的。該團導遊只想多撈點錢，當

然玩得不愉快。

很多人問我，去過那麼多地方，最喜歡的地方是哪裡？

這個問題很難回答。哪裡最美、最值得歡喜懷念，都是主觀因素作祟。

我的感想是，旅遊中關係最重大的因素，還是：

人——事——時——地——物。

「人」最重要。和情人與至交好友同遊，就算是鳥不生蛋的地方，也不愁無聊。人錯了，再美的景致，都是無意義的風景。

接著是「事」。如果那次旅行有你一定要看到的東西、很想參加的慶典，或內心嚮往的建築、老饕一定要吃到的餐廳，雖無人陪伴，你也能自得其樂。

再來是「時」。我去過京都好多次，春有櫻花秋有楓，整個城市給人的感覺迴然不同。

再來才是「地點」，最後是購物和其他享受。

總而言之，人最重要。人對了，一切都美好，任何波折都是人生深刻的回憶。

適合一同旅行的伴侶，性格上都是隨遇而安的。我很怕那些一旦發現自己的旅程不在全然掌控安排中，就會變臉或悶悶不樂的人。這樣的人出門是為了

「尋不開心」，而不是為了尋開心。

若沒有知交好友願意同行，我寧願一個人走。

人，對所有人的感受，都是最重要的一環。做個讓自己開心、又能讓別人開心的人，你就是人氣王！

教你贏得好人氣

旅行中，做一個「對的人」

- 隨遇而安，不要因為一些小事就抓狂。
- 途中總會遇到不順心的事，試著想出正面的方法來安慰朋友。其實每段旅程的不如意之處，都是記憶最深刻的地方，只要過了，就好了。
- 重視集合時間，不遲到。
- 別當瘋狂血拼團，一路上東買西買，把行李弄得比常人重兩倍，還抱怨別人不幫你。
- 保持微笑，就算出發前曾經歷很多挫折，也請忘掉你的悶悶不樂。別把旅行時間當成抱怨時間，旅伴不是情緒垃圾筒。

熱戀的人，眼中只看得見情人，其他風景都是陪襯，
就算身旁是一條臭水溝，也覺得它正為愛情唱著幸福頌歌。

什麼人最不好相處？

一個人要客觀看清自己很困難，
最不好相處的人，常常誤認為自己好相處。

做不好人氣管理，不只是朋友容易翻臉，再愛你的人也必然會到達忍耐極限。

「我想了很久，我們還是分手好了。」這句話哽在慧萍口中很久，終於說出口。

大正完全不敢相信慧萍的話。

「我們不是一直都……相處得好好嗎？」

慧萍沒有否認。但她心裡認為，兩個人能夠相處得好好，要歸功於自己的忍耐力高、寬容度強。「你會找到更適合你的人。」雖然慧萍沒有明講，但她是鐵了心要跟大正分手。跟他在一起不過一年多，已經越來越不愉快，萬一走

進結婚禮堂，豈不是要受一輩子的罪？

一直到分手，大正都不瞭解自己的問題。

一個人要客觀看清楚自己很困難，最不好相處的人，常常誤認為自己好相處。

大正最不好相處的地方在於，他總是喜歡在別人的話裡挑骨頭，然後，秋後算帳。

比如，慧萍和大正一起和大正的朋友應酬，擅長公關的慧萍，多半能憑著親和力與說笑話能力，讓不認識的人一下子就對她印象深刻。大正表面上看來，也對女友的應對能力頗為得意，但聚會結束後，卻常對她「秋後算帳」：「妳剛剛講那個笑話太低俗了，××學長是個嚴肅的人，心裡一定不舒服。」

「怎麼會？他也笑得很開心啊。」

但大正就是堅持，××學長神色有些不對勁，必然是慧萍講笑話不當所引起的。慧萍只好妥協：「好吧，下次我注意就是了。」

大正帶慧萍回家拜見父母，她也一樣有本事把老人家逗得笑呵呵。因為沒有共同話題，所以總是圍繞著大正聊，雖然大正在爸媽面前不說什麼，但一離

開家門就拉下臉來：「妳幹嘛沒事對我媽說，我開車開得很快，還會跟人家軋車呀？」

細細檢討起來，一個鐘頭的談話中，慧萍值得檢討的，就有五大罪狀。慧萍雖然嘴上還是說：「下次我注意就是了。」但仍心有不服：「我看你還是交個啞巴女友比較好。」

太在意別人話中的細節，是不好相處的人的最大特色。我也認識這樣的女子：慷慨、大方、熱情，但和她一起參加聚會，還真是令人頭皮發麻。她不是緊張兮兮地再三問我：「我剛剛是不是說錯話了？」就是在會後提醒我：「剛剛妳怎麼那樣說話，讓××很不高興呢。」其實，在座其他人一點也看不出來××有何不高興的表情，就是她太多心了。

太多心又會挑話聽的人，喜歡糾正別人，常在別人最開心的時候澆下一盆冷水。但這種人，對自己的不好相處，卻總是渾然不覺。

最討人厭的聊天對象

說起話來，只顧自己暢快，不顧別人感受；
當別人不行時，強調自己很行，不是白目是什麼？

「有些人，你明明知道他們是好人，但不知道為什麼，說起話來總是令人討厭。」菊芳說起不久前，邀孩子同學的媽媽和老師到家中聚餐的經驗：

「那位張媽媽，平時很熱心公益，但跟她說話，總不由得讓人生氣。」

一群人並不怎麼熟，有愛說話的張媽媽擔任主秀，熱鬧許多。張媽媽擅長挑起各種話題，讓其他較內向的媽媽加入討論，但是她在言語中不自覺出現的否定式口吻，不多久就暗暗得罪了在場的人。

她當著眾人的面，誇張地問菊芳：「那個歌星××今天發生的事，妳知道嗎？」

「發生什麼事？」菊芳納悶地看著她。

「啊？這麼大的新聞，妳不知道啊？今天每家電視台都在報……」

張媽媽誇張的手勢和宏亮的語氣，讓菊芳覺得張媽媽似乎在鄙夷她的無知。她想說什麼？為什麼不趕快講呢？

「到底是什麼事？」菊芳按捺住脾氣。

「那個××離婚啦，沒想到她竟然會離婚……妳真的不知道嗎？」她又強調了一遍「妳不知道」。

菊芳聽了，心想：「她離婚，干我什麼事啊？我為什麼不能不知道？她又不是我親戚。」不好得罪客人，她只好說：「我確實很少注意影劇新聞，也不看電視新聞，不好意思。」

「不看電視新聞！哇，那妳還真是井底之蛙呀。」張媽媽誇張地說。

「晚上看看網路報就夠了，我不喜歡看電視。」菊芳好聲好氣地解釋，但心裡實在不舒服。

不多久，張媽媽又關心起女老師的生子話題。女老師結婚四年，還沒有孩子，坦承心急，正想試試人工的方式。一群女人在場，各種建議都有……正閒聊時，張媽媽又扯開嗓門說：「唉呀，生孩子哪有這麼難，我以前啊，只要腳

一跨過去就有了……不管怎麼避孕，就是會生，唉……」

菊芳真想狠狠捏這女人一把。她說起話來，真是只顧自己暢快，全然不顧別人感受。當別人不行時，強調自己很行，不是白目是什麼？

「不久，聊起金融風暴的問題，這位開店的張媽媽感嘆錢難賺，我當時真想以其人之道還治其人之身，對她說：『錢有什麼難賺？我啊，只要隨便賺就有了！』看她有什麼感想？」創業成功的菊芳說道。

被列為最討人厭的聊天對象，一定犯過以下二種大忌：一是愛強調自己有知識，而別人很無知；二是否定別人的痛苦，強調自己的幸福。

說話雖然無惡意動機，但暗箭不斷傷人，這樣的人，久而久之必然沒有人想跟他聊天。誰會自找罪受呢？

熱心也要有分寸

打電話時問：「可以說話嗎？」是必備禮貌，
但人家若回「請說」，也不代表你可以無止盡地說下去……

和雅芝談公事時，她的電話響了。看了一眼之後，她把電話遞給我：「拜託，幫我跟這個人說，我現在正在開會，很忙，有什麼事請他告訴妳就好。」

我接了電話。哇，本以為兩句話就可以結束，電話那頭的人，卻一直問我是雅芝的什麼人，她什麼時候有空，甚至向我抱怨，為什麼雅芝那麼忙，忙到都沒時間回他電話……

「對不起，我現在手邊有事要處理……再見，我會告訴她你打電話來，不好意思，再見！」

只能用這種方法掛掉電話。

雅芝吐吐舌頭對我說：「一講電話就講個沒完沒了的人，真讓人頭痛，昨

服務過度比服務不周還容易造成客人的困擾，
中庸之道，才是最佳待客之道。

天他也打來，我正在處理信件，他一開口就問：『可以說話嗎？』我說：『你說……』他就自顧自地說了起來。我根本沒有什麼回應，他就這樣說了七、八分鐘，我才好不容易找到空檔告訴他，現在是上班時間，有很多事要處理。他竟然還有話可說，要我不要太忙、太累，這樣對身體不好……又說了一堆。我現在看到他的來電就頭痛。」

「他到底是誰？」

「某健康食品的行銷主管。」雅芝說：「不久前，有人介紹我訂購他們公司的產品。剛開始，他常打電話來，我還心想：『哇，他真是關心客戶，售後服務真好。』沒想到他竟然天天打，還想約我出去聊聊，說要進一步看看我的健康狀況，讓我心裡真是毛毛的……他說許多人都在他幫助下恢復健康，如何又如何。雖然他總是很熱心，聽他說話也不像壞人，還是讓我備受騷擾。」

現代人都很忙碌，對方一接起電話，問：「可以說話嗎？」是一種必備禮貌，但對方若回「請說」，也只是代表短時間內他可以跟你說話，並不代表你可以無止盡地說下去。

熱心服務是應該的，但也要掌握分寸，別熱心過了頭。不久前，美食家朋

友在聊天時提起某間餐館：「那家餐廳的菜也不算難吃啦，但最受不了的是，上菜前，老闆會過來說個五分鐘，說那道菜怎麼做、有多好吃，還外加歷史文化的介紹。等他說完，菜都涼了，真受不了。菜是靠吃的，不是靠說的，老闆把自己的菜說得那麼好，客人期望過高，吃了之後反而覺得言過其實。最痛苦的是，他還在旁邊等著我們的讚賞。」

服務過度，比服務不周還容易造成客人的困擾。中庸之道，才是最佳待客之道。

別拿別人的悲劇當「笑果」

有些人看到別人揶揄另一個人時，常覺得有趣，
但在日常生活中，如果被揶揄的人是自己，不絕交才怪！

綜藝節目上，很多藝人為求「笑果」，會拿別人的悲劇開玩笑。

比如：「妳長得這麼漂亮，還不是離婚了，憑什麼講夫妻相處之道啊！」

或者：「以妳的條件，還嫁得出去，真應該惜福了！」

又或者以別人的身高體重開玩笑、取綽號，一個胖妹諧星就常被虧：「如果有妳這樣的女朋友，祖宗八代蒙羞，我不如上吊死掉算了！」

明星多半有這種雅量，沒辦法，這是他們的敬業精神。進了廚房，就不能怕油煙，公眾人物的一切都被攤在大燈下探照著。

有些人看到別人揶揄另一個人時，常覺得有趣，但在日常生活中，如果被揶揄的人是自己，不絕交才怪！

不久前，號稱智商有一百六十以上的美國女星莎朗史東飽受批評，因為她在影展時，說了一句讓人聽了很不舒服的話：「大陸會發生那麼大的地震，就是因為對西藏人太壞，才會遭到因果報應！」莎朗史東支持西藏人權，出自一片善意，但把一個有六、七萬人死亡的大地震看成因果報應，確實讓人反感。那些人是無辜百姓啊，任何果報都不該降臨在他們身上。

因果報應說，是很多人腦袋裡的傳統觀念，但是此類話千萬不要說出口。我有個女友第一次到男朋友家，拜見他的父親，談及自己家中狀況時，她說家中開養雞場，父親正受癌症侵襲……男友的父親是虔誠佛教徒，竟說：「喔，這是因果報應，妳家一定殺了太多雞，所以才會有果報……」

可想而知，兩人的未來就因為這一句話打壞了。

不少藝人都因快人快語惹禍。以前也有一位美國女歌手，在演唱會上對大眾說，她最近變瘦了，可是還不夠，她希望自己瘦得像衣索匹亞的難民！此話一出，當然遭受各慈善機構的強烈批評。

不要拿別人的悲劇做比喻，是說話禮貌的基本原則。「因果報應」這句話最好少講，就算沒有惡意，卻必然像一把利刃往人心窩捅。

防衛心過強，切斷人脈

不會用文字表達，比不會用嘴說話更慘，
因為文字會留下證據，更會引起別人的不悅。

某女藝人秀出一封網路情書給我看：「喏，這是寫到我網站上來的加密信件，妳看看，像不像歹徒寄來的？」

嚴格來看，那是一封求婚信，是某科學園區工程師寄給她的。信裡開頭寫道：很仰慕她的美麗和才華，他單身、收入穩定，自覺很適合她，還把自己小學到研究所唸的學校都詳細介紹了一遍，但最大的問題是最後一句話：

「如果不想回信，請立即將此信刪除，切勿交給記者。若有外洩情事，損及本人名譽者，本人必依法追究，提出告訴……」

嗯，還真有點寫存證信函的味道。

這位工程師會把信寫成這樣，應該是個老實人，不過，也必然是個不通達

人情事理的怪人。就算不希望資料外流，話也可以說得溫柔一點，只要寫：「如果您不願回信，請把此信刪除。」不就好了嗎？幹嘛寫得那麼肅殺，充滿威脅感，這樣誰敢跟他交往？

一開始就把話說死了，人人對你有戒心，還沒伸出友誼之手，心就被一桶冰水澆涼了。不會用文字表達，比不會用嘴說話更慘，因為文字會留下證據，更會引起別人的不悅。

不久前，我收到某個機構刊物的邀稿函，此文也堪稱一絕。開頭說素來仰慕你的才華，請你為某刊物寫序……不提稿酬無妨，但還教訓起人來：要我取之於社會，用之於社會，做人必須懂得回饋……這是一本公益刊物，需要社會達人們共襄盛舉，所以務必把他規定的「命題作文」寄過來。末了還加上：因本刊物即將編好並印刷，所以時間很趕，請務必在一週內交稿。

即將編好才邀稿，分明把別人當成義務救火隊，我看了既好氣又好笑。

會讓人看了不舒服的信，都不是文筆不好，而是防衛心過強、姿態過高，透露出一種「若你拒絕我，你就不是人」或「我可不是等閒之輩，別惹我」的訊息。這樣的人，做什麼事，都只會站在自己的角度想，體貼程度實在低。

叫錯稱謂讓女人吐血

男人常不懂女人心理，以為基於「禮貌」，在職場上碰到女人，就應該以「姐」相稱才對……

某兩戶鄰居，因停車問題起了口角，男人稱呼女人：「大嬸！」女人氣憤難平，過了好幾個月，還耿耿於懷，向法院提告。她說她才三十多歲，男人卻以「大嬸」稱呼她，實在太過分了。她認為，大嬸指的是沒知識的鄉下婦女，男人這是「公然侮辱」。

為了一句不悅取的稱謂告上法院，確實有點小題大作。不過，話說回來，女人對於稱謂，的確很敏感，大家都喜歡小，沒人喜歡大。

除非已經老得兩鬢斑白，否則沒有任何女人喜歡被叫「大嬸」、「歐巴桑」，甚至連「大姐」這種稱呼，也不是人人可以叫的。另外，台灣女人即使已婚，對於「女士」的稱謂也很感冒，感覺這一叫，就被叫老了。

我常逛傳統市場，從市場男性商販對女性的稱謂，就大致能夠判斷，這個人到底會不會做生意。會做生意的人，對每個路過的女人皆稱「美女」、「小姐」，除非帶著小孩，否則也不會稱呼人家「太太」。現代社會嘛，可不是每個體態變形的女人，都是人家的太太；不會做生意的人，則動不動就叫人「歐巴桑」。

某次，我還看見一位女性顧客與賣衣服的男人吵了起來，因為男人叫那位看起來不過三十歲多一點的小姐「姨仔」。小姐十分生氣：「我看起來有那麼老嗎？你幹嘛這樣叫我？」放下衣服，罵了幾句就走了。那男人還很白目地在後頭大喊：「喂喂喂，我還沒三十歲，我比妳年輕吧……」

活生生的一幕鬧劇。「姨仔」未必是「阿姨」的意思，但多了個「仔」（發音為「啊」），聽來語意輕佻。就算是「姐仔」也不可以亂叫，因為這並非莊重說法。

男人常不懂女人心理。不少男人以為基於「禮貌」，職場上碰到的女人，應該一律以「姐」相稱才對，我常碰到五、六十歲的男人叫我「淡如姐」，雖然我很明白，這是一種尊敬用語，但心裡也會想：「哇，你幹嘛裝可愛啊？我可擔當不起這個『姐』字。」

女人寧可被稱為「妹」，也不想當「姐」。

想要當個討女人喜歡的聰明人並不難，第一步就是：對女人的稱謂，寧選小，別選大。有個朋友的小男孩才上小學，一碰到媽媽的朋友，已懂得一律叫「姐姐」了，真是得女人疼，長大之後必是「殺手級」人物！

大小姐脾氣，讓人害怕

女人會因一言不和或是不被注意，就氣得丟鞋丟包，通常都有一個特色：只顧自己爽快，不顧男人安危。

最近看到一則機車廣告：情侶騎著機車，半路上，女主角問男主角：「你愛不愛我？」男主角一時沒有回應，女主角就氣得用包包砸男友。包包後來掉到陸橋下，又掉進別人的車裡，男主角為了證明自己的愛，騎車拚了命把包包追回來。

看起來NCC很不喜歡這個廣告，勒令只能在規定時段播出。

女人若想知道什麼，男人卻無動於衷，常會惹得女人火冒三丈。不過，女人只為了男人一時沒反應，還沒來得及說「我愛你」，就把包包丟出去，對很多男人來說，也未免太大小姐脾氣了。

年紀輕、剛談戀愛的時候，把任性當撒嬌的大小姐脾氣，在男人看來是可

愛的；動不動就翻臉，也使平淡的生活充滿了大大小小的刺激。但是，男人可以對大小姐脾氣忍耐多久呢？

我問身邊的男士們，中壯年男士表示，大概只能忍前三個月，結婚時一定另覓賢妻。有人則開玩笑說，除非這位大小姐家財萬貫，就可另當別論。

年輕男子回答，那要看她漂不漂亮，有沒有這個資格耍大小姐脾氣，若是美女，就比較容易忍受。但也有人說，之前的女朋友就是大小姐脾氣，翻臉如翻書，他受夠了，才不想娶個「女的怒目金剛」回家侍奉。

女人會因一言不和或是不被注意，就氣得丟鞋丟包，通常都有一個特色：只顧自己爽快，不顧男人安危。她當然不是真的想把東西丟掉，只是要看男人愛不愛她。這種行為很像主人帶狗到公園裡練飛盤，如果那隻狗能夠氣喘吁吁地把飛盤追回來，就表示牠是條忠心好狗。這種女人的控制慾一定很強。

我有兩個女性友人，都是「用丟東西來證明你愛我」的高手。和男友吵架時，一位曾在高速公路上把男人的太陽眼鏡往外丟，一位則把自己的鞋子從高架橋上扔下，要男人去找回來。日後，兩位都和男友結了婚，只是前者因互控傷害而離婚，後者在婚後當了母親，一改本性，十分認命。

從她們丟的東西也許就可看出預兆：雖然都是不值得鼓勵的危險行為，但前者是丟男人的東西，撿不回來，必損壞無疑；後者丟的是自己的東西，下車沒鞋子，徒然讓自己陷入困境——不久她就知道，損人不利己的事，還是少做為妙。

教你贏得好人氣

讓他知道妳喜歡他

在感情上，不少女孩很懂得給予「暗示」。

最好的暗示就是，在言詞和動作上，以溫和的方式向他表達：「我其實很欣賞你」。比如，專注、津津有味地聽他說話，對他不時提出肯定：「嗯，你說得對。」「啊，原來是這樣子的。」「哇，你這個人好有趣喔！」「這個想法太高明了，謝謝你提醒我。」

不管是同性或異性朋友，受到肯定的人，同時也會對妳印象深刻。

現在已經不時興所謂的「假測試」，不但不會有人理妳，而且只會在回去後對妳打個大「×」而已。除非想樹敵，否則別那麼做！

當心被存檔的陳年舊帳

有些人擅長記恨，也擅長運籌帷幄，忍下來的氣，並沒有忘記，只等有一天可以拿出來，狠狠將仇敵一軍！

以前在我任職的公司曾發生過這樣的事情：業務悍將阿德，有一天因對總經理的某措施不甚滿意，負氣遞上辭呈。公司業績有五成以上都靠他，總經理也是拿人薪水做事，只敢對阿德使些小手段，哪敢真的讓他走路？於是低聲下氣，百般慰留，阿德才總算不走了。

沒想到，過了一年之後的某天，阿德發現，一年前寫的辭呈，回到了他的桌上，上頭還有總經理批的「如擬」兩字。他的辭呈獲准了！

此時，總經理已經找到足以代替阿德的人，急於拔除眼中釘。阿德哪受得了這種氣？不再抗辯，當天走人。

這樣的故事滿卑鄙、也滿好笑的。有些人擅長記恨，也擅長運籌帷幄，忍

下來的氣，並沒有忘記，只等有一天可以拿出來，狠狠將仇敵一軍。

有些發生在愛情上的報復事件，也有類似之處。小君在與大民結婚前，曾經劈腿，而且被大民逮個正著。當時，大民幾乎一哭二鬧三上吊，苦苦哀求，說沒有小君會死，請小君回頭。

小君當時感動於他的誠意，回了頭。過了幾年，兩人踏入禮堂，成了一對佳偶。

結婚八年之後，小君發現大民偷腥，與公司女同事有染。她從手機上找到了證據，氣呼呼地找大民對質。

大民在她逼問之下承認此事，卻毫無悔意，反而義正辭嚴地和小君激辯：「妳憑什麼這樣罵我？好像妳沒有做過錯事似的？妳不記得了嗎？先劈腿的人是妳，不是我！」

小君想了許久，才隱約憶起大民說的是那段她婚前劈腿的陳年往事。當時他表現出泱泱大度，婚後從不在她面前翻舊帳，沒想到他卻一點也沒忘記，此時居然拿出來想要「過失相抵」！

「太奸險、太卑鄙了！那麼久的事情，他現在還拿來報復！」小君說。

其實，大民的外遇，也未必是一種故意的報復，只是被逼急了，只好拿不利於對方的陳年證據，當成自己過失的掩飾。

一般夫妻吵架，總會翻起舊帳。舊帳是一種盾牌，未必想計較對方從前的過失，只是要維護自己眼前的利益。「看吧，你還不是一樣！」找出對方的失誤，自己彷彿就正確無誤，只是完全無益於感情與未來。

感情留不得且留口德

分手時不留口德與道德的人很多。找理由編派別人的不是，比認錯容易。

貿易公司老闆志強，有了辦公室戀情，讓新進女同事懷了孕，和結婚十三年的妻子談判分手。

分手時，他常向熟識的朋友指責妻子的不是：「她很強勢，什麼都要聽她的，眼裡只有事業，沒有家庭。」

「結婚多年，也不肯生孩子，讓我覺得自己不是個男人。」

朋友聽了暗暗心驚，因為過去他們感情還沒有變質時，他不是這麼說的。他當時總是稱讚妻子能幹，如果不是她，他不會有這一番事業。

他們結婚多年沒有生孩子，其實也是因為他說自己並不喜歡小孩，看到別人的孩子，眉頭就皺了起來，直說是「小魔鬼」。

如今，有了新人，一切都翻供了。

妻子當然很憤怒。多年感情，敵不過幾個月的青春肉體，但她還是願意成全他。

她恨恨地說，現在才發現他是個沒口德、也沒品德的男人。分手時，如果他坦承是自己的錯，請求她原諒，她還不會這麼生氣；明明是自己的錯，卻怪罪到她頭上，讓她很後悔過去為他這麼盡心盡力。

妻子要走了她應得的財產，又成立了一家經營相同進出口產品的公司，成為他最大的競爭對手。

讓女人餘恨難消，代價很慘重。

分手時，不留口德與道德的人很多。

找理由編派別人的不是，比認錯容易。女的說男的小氣、花心、沒出息、不體貼……未必是實情，只是他現今已經讓她全無感覺。男的說女的和他父母相處不來、跋扈、不會理家、不溫柔……也未必是真相，多半是欲加之罪，何患無辭。

徵信業者接手的案子中，也有些荒謬的例子：有些人「做賊喊捉賊」，自

己有外遇，卻委託徵信業者來捉另一半的姦。聽來實在奇特，追究心理原因，應該也是為自己的錯找理由，看看別人是否也有錯，如此一來，就有了一個合理化藉口。

我寧願尊重那些分手時坦白認錯的人。對，我已經不能再愛你了；對，就是我犯了錯；對，我對你已經沒有感情了；對，我是真的愛上別人——雖然這樣的坦白很傷人，但總比自己犯錯卻搬弄是非，人品要光明磊落得多。

不管是為了維持個人品德，或是為了避免分手的副作用，感情消散時，維持口德是必要的，讓人不後悔曾經愛過你。

別因戀愛失去朋友

能打從心眼裡喜歡和女友的女朋友們聊婆媽經的男人，實在不多。如果不想因為愛情而失去友情，最好不要把男人當成拖油瓶。

小君自從交了男友之後，每一次姊妹淘相約出遊，她都會帶著男友同行。一群女人七嘴八舌說八卦、聊是非，男友除了動嘴吃點東西之外，其他時間都在打電玩，自己一個人忙得很。小君偶爾會問一下他的意見，他當然不可能太認真聽，只會「嗯嗯」兩聲。小君覺得他乖巧懂事又可愛，但閨中密友們可不這麼想，後來好久都沒有找她一起出去。

「為什麼妳們要拋棄我？」

「我們只是想留時間讓妳好好約會。」表面上，朋友是這麼說的。

其實，大家心裡的想法是：妳每次都要帶男友來，而妳男友那麼無趣，有他在，又不能盡興說話，不如不要找妳。

小君還以為，朋友們嫉妒她有戀愛可談，所以聯合起來排擠她。直到其中一個友人甘冒大不諱告訴她實情，她才恍然大悟。但這會兒，她又怪起男友：「都是你，害我沒有朋友！」

男友也覺得很委屈，「我又沒有阻止妳交朋友、和朋友聊天！我也需要自己的空間，也有自己的朋友啊！」

可是，和許多以「黏」為談戀愛準則的人一樣，小君就是捨不得在假日期間，不把男友帶在身邊。她總想要兩全其美，既要愛情、又要友情，兩者互相牽扯，結果既失去了與同性朋友聯絡感情的機會，也常因此與男友吵嘴。

談戀愛談得太黏的女人，常把男友當「拖油瓶」，到哪兒都帶著。除非這個男友是天生的公關人才，否則朋友能跟她講的心裡話，必定越來越少，感情通常都會越來越疏遠。就算他是天生的公關人才，頗能獲得眾女性友人歡心，但女友心裡難免也會有些芥蒂，不時為他的言行吃醋、不滿。

說實在的，能真正打從心眼裡喜歡和女友的女朋友們聊婆媽經、陪女友地毯式逛街而不膩的男人，實在不多。

如果不想因為愛情而失去友情，女人最好不要把男人當成拖油瓶。

這一點，男人通常做得俐落圓滿。所謂哥兒們的聚會，多數人很少會帶女友參加。既要顧朋友，又要顧情人，實在太累，他們很早就學會把愛情與友情判然二分的聰明。

傳好話，讓你受歡迎

傳好話讓你受歡迎。別為了滿足自己的好奇心，傳壞話或亂問問題，免得讓人家認為你是隻老帶來噩耗的烏鴉。

烏鴉從來不是兇手，只是因為愛報喪，所以不受歡迎。

俗話說的烏鴉嘴，指的是那些出口就是不祥之語的人。現代人際溝通中，也有一種烏鴉嘴——一開口就會觸你霉頭的人。

俐君就有這樣的特色。她很容易交朋友，跟別人親近，但也很容易在較熟稔的時候，忽然被人家疏遠。

因為，只要與人稍微相熟，她就會問起一些別人不想講的私事。比如：

「有人說妳離婚時跟妳前夫拿了很多錢，是不是真的？」

「我覺得妳這個人很不錯，但×××卻在背後說妳人緣很不好，妳們到底有什麼誤會？」

「為什麼妳這麼漂亮，但每次談感情都很不順利？」
「你的公司本來經營得好好的，為什麼說倒就倒？」
她的開場白常是「有件事不知道該不該說……」然後，她就說了。
某次聚會，她坐在某女星隔壁，兩人雖屬初見，但相談甚歡。沒想到筵席快接近尾聲時，她竟然問起報上曾刊過，該女星介入別人家庭的傳聞。
這不關她的事，她卻想搞清楚。我就坐在她們兩人旁邊，目睹女星面紅耳赤辯解的過程——人家並不想在吃飯時解釋這件事呀。她應該後悔跟俐君說話吧。
如果那句話、那個問題會讓別人不高興，就不要提起。免得人家認為你是隻老帶來噩耗的烏鴉。
傳好話讓你受歡迎；別為了滿足自己的好奇心，傳壞話或亂問問題。那些事情，你知道或不知道，又有什麼關係？每個人都有自己不願提起的事；或者，他已經必須為此事一再解釋，煩得不得了，你又何必來揭他的新仇舊恨？
女人常認為：「妳要跟我分享妳的祕密，我們才算是朋友。」
在這個真話假話都傳播如此迅速的年代，大家都知道，少說話有時才是最佳應對之道，請不要再用這種報喪的方法來建立友誼。

過濾掉別人的情緒化

我曾接受幾位記者兼作家採訪，可能因為他們自覺問題一定要語不驚人死不休吧，真是尖銳得不得了。有一位代表某雜誌來採訪我時，第一句話就是：「別人對妳毀譽參半，妳自己是怎麼看的？」第二句話是：「人家說妳會登上暢銷書排行榜，都是自己去買書，妳有何解釋？」

當時我很年輕，十分容易動怒，氣得不得了，回答她說：「如果我曾經自己去炒作、買書，就不得好死！」

結果，這句很難聽的話，就變成她文章裡的第一句話。

這些年來，我漸漸「懂事」了，也發現了一個真理：如果別人的問題本身帶刺，把它頂回去，最後還是會傷到自己！

化解掉別人問題裡的刺，是一門必修功課。四兩撥千金並不難，我應該這麼回答：「哇，如果每本書都要這樣買，要億萬富翁才做得到吧！」「每個人都可以有自己的看法，我尊重他們，但也不想被別人影響自己的生活。」

因為這些帶刺的問題而動怒，實在傻。話說回來，這些說話帶著刺的人，自己必然過得不幸福。誰能跟一隻總是抱著負面想法看世界的刺蝟長久相處呢？

推銷無法留下好印象

老王賣瓜，自賣自誇，別人是否聽得進去，要看老王能不能為瓜編出好故事，否則老王只能當小販，不能當企業家。

「我們的產品品質最好。」「我們的甜點是由××飯店主廚研發，比起米其林餐廳的甜點毫不遜色。」「我們學校的老師和學生都是最優秀的。」這都是一般常聽到的介紹法。在講求「宣傳」的年代，只要抓住了機會，人人都會說自己好。

「老王賣瓜」的行為處處可見，但每個人心裡多少都有「反強迫推銷」的情緒，宣傳者光說自己好，無法讓人留下好印象。

最不成功的宣傳者，就是熱愛自誇。為了說明自己的東西有多好，拚了命解釋東西的品質、成分、作法，其實能夠被準客戶聽進去的，恐怕不到一％。

每個做過行銷、想賣產品的人都知道，只有故事才是最佳宣傳。

百年老產品，自然有它的歷史背景。阿公阿媽從小小攤販開始艱辛創業的故事，就夠溫情、夠親切、夠感人了。

一項新產品，一定要找到一則好故事。

比如說，某昂貴保養品就以「一位任職於太空總署的科學家被燒傷」為宣傳題材：一九五二年，科學家的臉因研究室爆炸而受傷，名醫告訴他，你的臉再也救不回來了。這位科學家不信邪，決定自行研發治療燒傷的產品，來拯救自己的臉。

某一天，他來到海邊散步，意外地發現採收海藻的工人們，雙手十分滑嫩柔細，這使他得到了靈感，以海藻當成主要材料來研究，花了十多年時間，經過六千多次的科學實驗（比愛迪生發明燈泡時還多！），總算開發出專門治療燒傷的面霜，也使自己的皮膚變得完美無瑕……

接著廣告資料再舉證，有哪些好萊塢明星使用過這款面霜，更提供了絕佳宣傳，足以把產品定位在高價客層。

這個產品來到台灣之後，並沒有花大錢做什麼宣傳，也沒有請代言人，卻憑著這則故事，就燃起了愛美人士內心的渴望——連燒傷都可以治療，那麼再

糟的皮膚應該都沒有問題吧。剛上市時雖然價格昂貴，一瓶要價好幾萬元，但人們竟然爭相搶購，頗有「萬人空巷」的氣勢，吸引媒體拍攝和討論，更使它成為家喻戶曉的高價保養品代表。

老王賣瓜，自賣自誇，別人是否聽得進去，要看老王能不能為瓜編出故事，否則老王只能當小販，不能當企業家。

還有兩種宣傳法也很高明，足以把虛變成實，把敗轉為勝。

抓住人們的好奇心，把故事說得更誇大一些，就能把虛變成實，甚至取代了實情。

「聳人聽聞宣傳法」往往能取代事實，進入人們腦袋最深層的記憶裡。美術史上最知名的宣傳之一，發生在早已死去的梵谷身上。

一九三七年，美國的現代藝術博物館展出了梵谷的作品。雖然梵谷的作品近年來一拍賣總能獲得天價，但當時是首展，實在不算知名。那時是由美國藝術家休．特洛伊負責這場展覽的籌劃，他估算，與其強調梵谷的畫有多與眾不同，不如拿畫家的私人事件來做文章。

他弄來了一小塊牛肉，把它剁碎之後，製成一只逼真人耳，並將它陳列

默默無名畫作
賣我！
賣我！
賣我！

在一個鋪有天鵝絨的小盒子中，裡頭還放了一張說明：「一八八八年十二月二十四日，梵谷割下了這只耳朵，送給他的愛人——一個法國妓女。」

不少人趕來看這個小盒子，一直到現在，人們最記得的梵谷故事，還是他割下一只耳朵送給心愛的女人卻遭拒。有不少人甚至相信，梵谷是因為求愛被拒絕而自殺的。

無論如何，這個聳動宣傳為梵谷打響了在美國的知名度。反正梵谷已經入土為安了，被宣傳顛倒黑白，也無從反抗。

一個藝術家之所以成名，或多或少都是靠著一些傳奇增加話題性。我們所知曉的傳奇，也不知有多少經過渲染。這些渲染，藝術家本身或者不悅，卻都是宣傳功臣。

另一種則名為「轉敗為勝法」，更加高招。

相信很多人都在網路上看過美國女星荷莉貝瑞與金酸莓獎的故事。金酸莓獎（The Golden Raspberry Awards）是奧斯卡的相反，用來取笑當年度最爛演員及最爛影片。曾經獲獎無數的荷莉貝瑞在演出《貓女》那一年，就被票選為金酸莓獎最爛女主角。人們批評她，在此片中只知秀身材，毫無演技可言，是

個大花瓶。

得這種獎實在不是什麼光彩的事，一般明星多半會火冒三丈。但荷莉竟一反常態地盛裝出席領獎，拿到獎座時，還誇張地像得了奧斯卡金像獎般大叫：「噢，我的天吶！」惹來一陣大笑。

她仿照奧斯卡得獎者發表感言，還感謝了該戲的導演、編劇和劇組員工，也玩笑似地把莎朗史東拖下水，說兩人演技平分秋色，並且笑容燦爛地表示：「得到這個獎真是太刺激了，誰也不能把它從我身邊搶走！」

當場那些專門批判好萊塢電影的酸溜溜人士，無不被她笑翻了。第二天，這則新聞當然成為各報影劇頭條，她不但成功搏得了版面，也展示了她的氣度和智慧。

傳閱頗廣的網路文章還幫荷莉加上一段話，說從小她母親就告訴她：「想贏，就要先認輸。一個不肯認輸的人，沒有成功的權利。」把故事鋪陳得更具教育意義，感動了不少人。

無論如何，這是一個逆勢操作的實例。與其躲著不敢接受事實，不如挺身而出，化危機為轉機，為自己創造一個被人稱誦的傳奇。

別把人先打入地獄

「ＸＸ來的人都很土，但是你的品味還不錯。」
請問，如果鄉親們先被否定，光是你一個人被讚美，你會高興嗎？

一位年近四十仍未婚的女性友人，曾因下列話語哭笑不得：「我一直覺得女人逾齡不結婚，都是個性古怪的老處女，但我覺得妳活得蠻快樂的。」

這句話讓她心裡不舒服了好幾天。說話的人是她的老同學，卻完全不知道自己的說法有什麼不對。這種說話方式叫做「先打入地獄，再上天堂」，是大家很常用的說話技巧，但也常令人哭笑不得。

這讓我想起過去的一段往事。我有位女友和英國人交往，這位英國紳士彬彬有禮，某天他很開心地對我說：「我對亞洲人的印象都不好，但妳和Emily給我的印象都很好。」

唉，聽到這種話，我心裡還是對這個種族主義者開了罵，雖然他喜孜孜地

自以為在讚美我。

比如，我當記者時曾到某家餐廳採訪，經理很客氣地迎接，一開口就說：「我們老闆很不喜歡記者採訪，是因為妳才答應的。」

他當然希望我有「受寵若驚」的感覺，希望我明白自己擁有特權，但我相信，任何記者同業聽到這樣的話，都會覺得怪怪的。因為，你會先有一種自己的行業被否定的感覺，也覺得店家的態度其實很高傲，是在「恩准」你，並不認為這是一件互惠的事。

我也聽過這種說法：「我對×大畢業的都沒有好印象，但是我覺得妳還不錯。」這是我從前一位長官對我說的。哇，真令人汗顏，原來母校畢業生給人的感覺這麼差。雖然我知道他很肯定我，但總覺得戰戰兢兢，莫名其妙就揹上原罪。

類似的話如：「××來的人都很土，但是你的品味還不錯。」請問，如果鄉親們先被否定，光是你一個人被讚美，你會高興嗎？

某女星曾與小開男友論及婚嫁，男友母親再三強調：「我很不喜歡妳們這行的女人，不過妳是個好女孩。」她雖然被稱讚，但心裡總有某部分仍感覺相當委屈，因為她明白自己其實是先被歧視的。儘管被視為「力爭上游」的代表，但她也覺得嫁入這種家庭的壓力相當大，如果表現稍有差池，就會被批判：「唉，畢竟是戲子出身。」良緣後來終究沒結成。

先否定再肯定的說話方式，目的都是用來稱讚人，但其實很危險。先一棒打爛，再把你挑出來歌頌——很容易引發許多不好的聯想，還是少用為妙。讚美就讚美吧，幹嘛先侮辱人呢？

被套上了個「假」的原因

討好別人，不能只針對重點，任何擁有良好人際關係的人，都不會讓人感覺到對人有差別待遇。

跟某個廣告導演聊天，他說，有個女明星很「假」。我也認識那位女明星，覺得她還蠻可愛的，為什麼這位資深男導用這個字形容她呢？

「對我來說，她也很可愛啊。一到片場就像隻快樂的小鳥，導演長導演短，拍片時無怨無尤，也不時做出些可愛的動作來逗我，說話聲音特別高亢。不過……她對別人並不是這個樣子，對其他工作人員，總是視而不見。」

導演看的東西不只是鏡頭裡面。

原來「假」的定義，除了表裡不一之外，還有落差很大的意思。

這個形容讓我聯想到古代的弄臣，遇到主子，畢恭畢敬，一碰到與權力核心相關的人，就低頭搖尾。她太想討人喜歡，卻表現過了頭。

討好別人，不能只針對重點，任何擁有良好人際關係的人，都不會讓人感覺到對人有差別待遇。

他又談到另一位女星：「人家的家教就真的很好了。對所有工作人員，都有禮貌地點頭打招呼，鏡頭前和鏡頭後，沒有什麼差別。雖然有人說她的聲音太嗲，但我一點也不覺得她假。」

一個人明明想贏得好印象，卻換來「假」的評語，實在划不來。假，讓他的人際關係因為投資錯誤而負債。

就我的觀察，被稱為「假」的人，都有下列特質：

一、遇到特殊人事物時，語言聲調差很多，過度誇張，讓別人明顯地知道他想要討好誰。

二、心裡明明不是這麼想，嘴裡卻這麼說，但多數人的演技可沒好到能瞞天過海。

三、說的話永遠是外交辭令，看不到他的真心。大家一起打屁聊天可以，再深聊就難了。

四、喜怒不形於色。往好處看是EQ高，但過分控制情緒，也可能是自視

清高，永遠不想失態。這麼「ㄍㄧㄥ」的人，就像一塊木頭，誰也不會想對他說心裡話。

「假」者不分男人女人。女人假，常因想討好；男人假，都因本性勢利。

教你贏得好人氣

說話還是比外表重要

注重打扮總能給人深刻的印象，但有許多人過度注重打扮，反而忽視了其他部分。

不少人被批評為「不要開口比較好」，這些人通常就是打扮完美，但說話膚淺，三句話就被人看穿無知的類型。

相反地，如果一個人外表邋遢，讓你望而生厭，但一開口的口氣和表情、內容卻能打動你，那麼原先對他評價的負一百分，可能會馬上轉為正一百分。畢竟外表容易蛻變，說話技巧則不容易馬上獲得提升。

如果不確定自己給人的第一印象是否良好，很簡單，將自己打扮得體就好。用微笑來當見面禮，不必在口頭上故作聰明，如此一來，再口拙，別人也會喜歡你。

替自己扣分的臉上貼金法

不少人習慣拿親人的成就往自己臉上貼金，在人際溝通上並沒有助益。即使爸爸是名人，有自信的兒子並不會主動提起，反而懂得迴避。

我曾經帶過一個婚友社幫中年單身者尋找好姻緣的活動，其中，有位女子讓我印象很深刻。

她在自我介紹時，不講自己，只講別人：「我家以前是台南的世家，我祖父那一代是有錢人，從××路望過去，一大片本來都是我們家的。我哥哥唸的是國立大學；弟弟一畢業就以高分考進某大知名公司當廠長；我還有個姪子讀醫學院，現在在美國留學，將來是名醫……」

她叨叨絮絮地說著家族裡的顯赫歷史，就是不談自己。

我想，每個人都聽出了她講這段話的目的——

她想要讓人們重視她。

然後，大多數人心裡也都明白一件事：因為她太沒有自信，所以才會提起那麼多與當前話題不相關的人來烘托自己。

這是一種不少人習用的臉上貼金法：拿親人的成就為自己貼金，但是，在人際溝通上並沒有助益。

即使自己的爸爸是知名人物，有自信的兒子並不會主動提起，反而會懂得迴避。

愛提當年勇，也是一種往自己臉上貼金的方式。

我曾在一家公家機構做事，「領導人」皆由官派。某一次，又有空降部隊來了。我聽見兩位資深的伯伯在聊天：「那個×××啊，竟然會來當社長，想當初他是和我一起考進來的，主管都嫌他笨，什麼重要的事都只敢交代我做。沒想到他出去混了一圈，就不得了了。」

另一個說，他和那位將來的領導人是同學，當初他只能當自己的跟班。

有些人怕別人不認識他或看輕他，所以與人初識時很愛提當年勇。

當年勇包括小學畢業成績優良、哪個名人曾是他同學或同事……就像曾經打過仗的老兵，老愛捲起褲管秀出身上的彈痕一樣。

愛提當年勇，會讓聽者覺得：「是噢，你以前那麼棒？」或「你的同學那麼棒，但你現在怎麼變成這樣？」反而會有反效果，使人覺得你是個浮誇的人。

當年勇不是不能提，但最好不要由自己的嘴巴提起。別人介紹你時提起你的當年勇，就可以幫你加分，你只要客氣地表示「小事不足掛齒」的風範就行了。

在意小事成不了大事

乾洗店老闆因為搞丟了一位法官的褲子，被告上法院要求賠償。如果法官勝訴的話，一條褲子，值十八億台幣呢！

你知道全世界最小題大作的男人是誰嗎？

我想，再也沒有任何一個男人，比這個法官更像狄更斯小說裡的「小氣財神」，或莎士比亞筆下的「威尼斯商人」了。

小氣財神吝嗇愛財，不管別人死活。

威尼斯商人興訟的目的，是因為想挖出生意對手的心臟，置他於死地。

美國這位法官更誇張，他想靠法律小題大作整死對手，而且當別人對他開恩時，他還不知悔改，繼續「以怨報德」。

美國有個著名的「一條褲」官司——一位法官，因為一間乾洗店老闆搞丟了他一條褲子，而向乾洗店老闆求償五千四百萬美金。如果他成功的話，一條

褲子，值十八億台幣呢！

這個案件發生在幾年前，原告皮爾遜先生剛剛就任法官，將幾套西裝送到一家乾洗店乾洗。沒想到韓裔乾洗店負責人，遺失了其中一條西裝褲，皮爾遜將老闆告上法院，說他涉嫌欺騙消費者。

這個官司嚇壞了乾洗店老闆夫婦，他們從此沒了生意，差點想搬回韓國，老闆娘從沒進過法院，卻被這個官司逼得天天以淚洗面。不過，在消息傳出之後，乾洗店老闆得到了大眾的同情與援助，有十多萬元的捐款湧進他的戶頭。官司裡的法官皮爾遜，則變成了一個「美國笑話」，不過他還是像一隻咬了人就不肯鬆口的鱷魚，堅毅不撓地繼續告下去。

在美國，即使是小官司也經常纏訟多年，律師費之昂貴，常會讓被告或原告在官司還沒宣判時，就已破產。幾個月前，法院宣判皮爾遜的要求不合理，乾洗店老闆不僅無須賠錢，皮爾遜還要支付老闆的律師費。

宣判後，乾洗店老闆發揮以德報怨的精神，表示捐款已經夠付律師費了，不打算跟皮爾遜先生要錢。不過，皮爾遜並沒有感激在心，仍不屈不撓地繼續上訴。

在我看來，皮爾遜在精神上應該有點問題，一件小事情，怨恨可以持續這麼久，要對不起他的人付出這麼大的代價，簡直是非置對方於死地不可。

成為笑話之後，他還是有「雖千萬人，吾往矣」的精神，拚了命地逆風往前走，他應該認為自己是在堅持「正義」吧，只是他的正義和斷頭台上的刀子一樣鋒利。

最可怕的是，他是個法官。被告碰上邊緣型人格的偏激法官，應該算是倒了大楣，只怕偷了一顆蘋果就會被判一百年。

這種小題大作到有違常理的人，通常很難相處，也會讓朋友畏懼。他應該沒有朋友吧，看他因為細微事故就這樣對待一個陌生人，有哪個朋友敢跟他肝膽相照呢？

Part 2

兩性魅力管理學

相愛容易相處難，沉默、猜忌不能解決問題；
裝模作樣、厲聲對嗆，無助於愛情加溫。
多說愛的話語、培養如沐春風的溫柔，
唯有彼此心靈相通才是真浪漫。

女人無法抵抗的誓言

男人送花到辦公室，是一種公開的求愛宣言，
好像告訴所有人：「這個女人的所有權屬於我，我愛她。」

某次餐宴中，最後一道菜送來之後，大燈突然熄了，服務生端著一個大蛋糕，唱著《生日快樂》走了過來。

幾位同座友人和我一樣，都不明就裡，只能跟著大家唱《生日快樂》。原來是同座一位大哥幫女友慶生，或許怕我們費事準備生日禮物吧，所以事前並未告知我們。

切完蛋糕後，他還拿出一個藍絲絨盒子。在大家的驚呼聲中，一只鑽錶出現了，大哥彬彬有禮地幫女友戴上。

久聞這位大哥對女人很有辦法，只要女人和他交往，都會死心塌地。大哥縱橫商場多年，曾經有過婚姻，身邊也出現過幾個出色女友，別人都說他是情

聖，他也說自己向來痴情——每次只跟一個女人在一起，和女人交往時絕無異心，除非……（這種話我聽不少男人自誇過，但身為女人，聽起來還是毛毛的。除非他不愛她，否則一定專一——誰知道什麼時候他會不再愛她了呢？）

女友熱淚盈眶。大哥問：「妳快樂嗎？」

她嬌羞地點了點頭。大哥很有風度地牽著她的手，對大家說：「嗯，我就是要我的女人快樂！」

聽到這句話時，在座女子的淚珠也都在眼眶裡打轉。「我就是要我的女人快樂。」真是融化人心的大男人小志願。

女人很難抵抗這種對大家公開的「愛的誓言」。

愛情裡有小小虛榮是浪漫的，所以男人送花給女人，一定要送到辦公室，不能送到家。送到辦公室，是一種公開的求愛宣言，好像告訴所有人：「這個女人的所有權屬於我，我愛她。」絕大多數的女人，正喜歡她愛的男人在眾人面前宣誓：「我占領了她。」

一個男人只要懂得在眾人面前說出以下幾句話，女人都會心生感激——比如：「妳喜歡什麼？我買給妳。」（女人就算什麼都不買，聽了也很高興。）

女人很難抵抗公開的「愛的誓言」。這些話能讓女人沒齒難忘，
就算戀情不再，也會記得他曾經認真對待她。

或是很自然地讚美她：「我就是喜歡妳這個樣子。」「妳是我人生中最好的禮物。」「只要是妳選的，我都會珍惜。」……

這些話能讓女人沒齒難忘，就算戀情不再，也會記得他曾經認真對待她。

教你贏得好人氣

面對異性，越坦然越受歡迎

德國知名作家徐林克，曾在小說中描寫一位受歡迎的男生：「我在女人面前吃得開，就是因為我可以自在、坦然且友善地面對她們。女生就是喜歡這樣。」

他觀察班上的其他男生何以不受歡迎，就是因為他們怕女生、躲著女生，要不就是太崇拜她們，或是對她們耀武揚威。

人們常說：「愛情要先做朋友，再做男女朋友。」先做朋友是最佳策略，先不要有任何美好的幻想或假設，自在地對待異性，用不卑不亢的原則應對，你自然會受異性歡迎。

理解男人的沉默

大多數男人在認真思考的時候，是沒辦法講話的。當他們認真進入一個思考情境，其他聲音就會變成不相干的噪音。

這天，承敬依約來接佩芳下班，兩人照例會一起吃晚飯，然後他才送她回家。

兩人已經交往一年多了，離踏上婚姻紅毯，只有一步之遙。但承敬和佩芳都想趁著年輕再奮鬥一兩年，先買間房子再來談婚姻，比較篤定。

這陣子，佩芳會在工作閒暇時上網，查看各區房屋行情，再與承敬討論。房事問題幾乎是兩人最熱中的談話主題。

「我今天看到一個新建案……看起來很不錯，有游泳池，又是知名建商蓋的房子，最近市場不景氣，聽說還降價求售，我們改天去看看好不好？」一看到承敬，佩芳就興奮地說。

「嗯。」承敬的回答淡淡地。佩芳頓時覺得滿腔的熱忱被澆了一桶冷水。

「內部還有一座西班牙式中庭花園，從畫面上看起來，那個噴水池好大、好酷！」

「嗯。」這一個「嗯」，還慢了半拍。

「你怎麼啦？」佩芳覺得承敬有些不對勁。

「沒什麼。」承敬還是語氣冷淡。

「你明明有什麼……」佩芳的思緒迅速轉動。為什麼他和平常不一樣？

原因可能如下：一、她可能做了什麼事，惹他不高興；二、他可能有什麼事瞞著她，因而顯得心事重重；三、他不想娶她了，所以故意表現出對房子的事情不感興趣……

男人不想說話時，女人的腦袋會越想越多，也會往最壞的方向想。

她立即揮手叫了一部計程車回家，還把手機關機，不讓承敬有解釋機會。

回到家不久，承敬來按了門鈴。

一直到接近晚上十點，還沒吃到晚餐的兩人才把誤會解釋明白：原來，當時承敬只是在思考，晚上要帶佩芳到哪一家餐廳吃飯。他記得同事曾跟他推薦

過一家還不錯的餐廳，就在佩芳的公司附近——叫「新翠香」……還是叫「新翠亭」？又好像兩者都不是……只要讓他再想想，他就會記起來的嘛……

而佩芳竟然想那麼多……

大多數男人在認真思考的時候，是沒辦法講話的。當他們認真進入一個思考情境，其他聲音就會變成不相干的噪音，他的耳膜裡彷彿會站出一個人來指揮交通，要那些噪音先滾到別的地方去。

然而，女人常會為了這種事情生氣，因為她覺得：「我跟你講話，你卻故意聽不見，這不是蔑視我，是什麼？」

女人最容易誤解男人的地方，就是男人沉默的時候。

談感情該不該故弄玄虛？

好男人並不喜歡故作姿態的女人。
能夠通過妳給的考驗，未必是好男，通常只是纏男而已。

有一派女人談戀愛，很喜歡故弄玄虛。

他打電話想約她：「某天妳有空嗎？」她明明喜歡他、也有空，可是偏要說沒空，假裝自己很忙，對他的追求表現出一副厭煩或無動於衷的模樣。

在他面前，她也會故意強調自己有很多人追，行情很好，一點也不隨便。

有的女生和自己喜歡的男生說話時，會故意吐嘈，本意並不是潑冷水，只是想彰顯自己與眾不同，吸引他的注意。就算已經決定和他交往，還是要端個架子整整人家。明明可以準時到，卻硬要遲到，看他有沒有耐心等自己，還不時會製造一些若即若離的感覺，眼看對方著急，自己心裡就竊喜。

這一派的人篤信，自己不要表現得太過熱情，不要讓對方那麼容易得逞，

對方才會比較珍視你。

其實，好男人最容易被嚇跑。這些方法，對好男人的確有嚇阻作用，但對於習慣使用纏功的花心男，卻一點用也沒有。他們會在最快時間內看穿這一套，也知道只要再多下點工夫，就可以得到獵物。好男人並不喜歡故作姿態的女人。

能夠通過妳給的考驗，未必是好男，通常只是纏男而已。

一個女人太想抬高自己的姿態時，總會給人難以親近的印象。如果想留給自己喜歡的男人好印象，不妨在和他第一次聊天後說：「跟你聊天很愉快！」或專注傾聽他說話時，表示對他的肯定。接到他的邀約電話時，若很忙碌，無法赴約，卻又不想因此斷了線，也必須表示遺憾，暗示他：「下次有空一定要找我喔！」

除非妳討厭這個人，才需要故弄玄虛。用開朗的態度面對可能的追求者，一點也不會降低女人的姿態，還會使男人覺得，妳至少可以當朋友。

誰在剛交往時，對對方不會有疑慮呢？只有親切感能拉近彼此距離，讓對方有興趣瞭解妳。

教你贏得好人氣

愛，就直接說出來

很多人寧願跟直率開朗的人相處，也不願意跟事事打太極拳，永遠不願意說出自己想法的人相處。

不願說出自己的想法，是許多「專業人士」的特色，他們常擔心客戶不當引用他們的見解，因此傾向於言辭保守，說起話來「柵欄很多」，給人一種畏首畏尾的印象。說了半天，別人根本聽不出你的主要意見。

就好像一個作者寫了老半天的文章，還是不肯陳述自己的主要意見，既不敢批評、也不敢贊同，只想「面面俱到」，光會用文字繞圈子，一定讓人覺得很煩。這種人過度珍惜羽毛，私底下別人卻不敢跟他交朋友。朋友之間的瞭解是相對的，沒有人想和一個摸不清楚想法的人密切來往啊。

私底下軟一點更好命

現代女子的責任都是多角化經營，如果處處要強，除了累死自己外，實在沒什麼好處。

英美是個奇女子，模樣嬌豔的她，年輕時混過太妹，也曾經結過幾次婚、交過好幾個男友，但每次都以暴力收場。

才幾年沒見，她眼中的兇光已不復見，除了衣著仍然華麗外，看來已經溫和許多。

聊起從前，她說最近過得比較幸福，因為悟到了幾分人生道理。

「我總是欣賞很『MAN』的男人，但這些有氣魄的男人，都有一副壞脾氣。而我的脾氣也不太好，對方一嗆起來，我也會不認輸地回嗆：『你幹嘛對老娘這麼兇啊？』或者：『你想怎樣？有種就打我啊？』不一會兒，一定又大吵大鬧、大打出手。雖然我也不是省油的燈，但女人還是打不過男人，吃虧的

我才不怕你哩！
這麼沒女人味的
女朋友不要也罷！
分手吧！！
不..不要！
別那麼兇嘛！
裝無辜
對不起，
嚇到你了。
嘻

還是我啊。」

現在她學乖了，懂得避免衝突。男人說話大聲點，她就裝出楚楚可憐狀，嘟嘴說：「你講話不要這麼兇好不好嘛。」

如果男人看來心情不佳，她也不再囉嗦，會故作甜蜜地說：「我知道你心情不好，但記得我關心你，有事要跟我說喔。」這一招，也可以避免自己被掃到颱風尾。

剛開始，她也覺得自己軟弱起來不太自然，但不久漸漸發現，爭執時，唯有柔能克剛。嚐到甜頭後，她又發展出幾項技巧。當她惹男人不高興，男人斥責她時，她也不急著辯白和反抗，反而會說：「那你告訴我，我要怎麼做比較好嘛。」

「當男人一說起教來，氣就消了，只想當妳的老師，不會把妳當敵人。」她說。

「我以前愛逞強，現在則變成裝『俗辣』，這樣比較幸福。」英美好些年沒有和男人發生衝突事件，認識她的人，都認為她「轉性」了，真是奇蹟。

女人懂得適時軟一點，會比較幸福。

尤其是那些天生就愛跟壞脾氣大男人在一起的女人。

尤其是吵架的時候，千萬不要用言語煽風點火。

現代女子的責任都是多角化經營，如果處處要強，除了累死自己外，實在沒什麼好處。對外已經必須威風凜凜，對內若再嚴聲厲氣，必然眾叛親離。

夫妻吵架，除非真打算就此分手，否則何必嗆聲？口頭上贏了，感情關係上也輸定了。

發嗲就受男人歡迎？

年過三十，應該學的討好人方式不是發嗲，而是溫柔。人際關係中，誰不需要使人如沐春風的溫柔？

有位網友提出了一個問題：「男人是不是都喜歡『發嗲』的女人？我有一些女性友人，一碰到男人，就嗲聲嗲氣，完全不像她原來的樣子，但是她們卻很吃得開……」

所謂「發嗲」，應該就是有點娃娃音，或故意用一些嗯嗯啊啊的語助詞，有時還配合一些拂來弄去的小動作，來討男人開心。

男人都喜歡女人發嗲嗎？這得看發嗲的層級。有的女人發起嗲來，連女人也無法抵擋；但有的女人發起嗲來，只會讓人頭皮發麻，全身起雞皮疙瘩。

這和女人的個性有關。有的女人天生就柔若無骨、風情萬種，她不用故意發嗲，只要輕聲說話，就能贏得男人注意。但若她生得虎背熊腰、嗓門粗大，

忽然發起嗲來，誰也不習慣。

還與年齡有別。少女發嗲，大家都覺得可愛；可是過了一定年紀，還句句發嗲，無論男女都會覺得奇怪。年過三十，應該學的討好人方式不是發嗲，而是溫柔。人際關係中，誰不需要使人如沐春風的溫柔？

還有對象的差別。女人對自己的情人發嗲，是一種撒嬌行為，可以調劑彼此關係，增加一些生活情趣。但在公事上發嗲，則是耍賴，頂頭上司和同事一定會認為妳知過不改，不專業又不接受指導。

有些女人埋怨，自己不得寵是因為不會撒嬌發嗲，其實，如果妳本來就是裝不出可愛語氣的人，也千萬別勉強自己偽裝，以免畫虎不成反類犬。只要修飾一些語氣就可以了。比如，女人與其抱怨：「我好累，真想死。」不如說：「我好累，你可以安慰我一下嗎？」討一點愛，並不失尊嚴。

另外，男女常為誰做瑣事而吵架，女人與其問：「為什麼每次都是我去倒垃圾？」或「你看別人家都是老公出去倒垃圾。」還不如試一試：「如果你願意去倒垃圾，我會覺得很開心。」後者，會讓男人覺得自己是在提供幫助，而不是被指派服務。

美女為何沒心機？

美女，就是邀天之寵，從小不需要太過費力，就能獲得想要的東西，長大之後，自然而然沒了心機。她們的天真，是大家保護的結果。

對我來說，電影《美人心機》可以算是一部「文藝恐怖片」。

姑且不論這部電影描述的是正史還是野史，裡頭談到的女人鬥法之兇狠，連自己姐妹都不放過，就足以令人望而生懼。

電影裡，兩個姐妹先後成為英國國王的新寵，因此失了和氣。妹妹憑著美麗，吸引了國王，成為國王的情婦；姐姐比較聰明，趁著妹妹懷孕待產時，用盡手段吊國王的胃口，讓妹妹失了寵，連她生下王子，被情慾沖昏頭的國王，也沒有欣喜之情。

姐姐並不甘於只當國王的情婦，她要的是地位，用盡了手段，把皇后定了罪趕下台。可是，一個可以對結婚二十多年的元配無情無義的男人，畢竟是良

心不足的。很快地，他又有了新寵，並打算用同樣的方式殺了姐姐。

忠厚的妹妹，不顧生命危險，趕進宮來救姐姐，卻徒勞無功。

在我看來，現實世界中，美女的確多半比較沒有心機，史上的蛇蠍美人，其實都不是豔色絕倫。因為，美女並不需要有心機。人美，就是邀天之寵，從小就有人喜歡她、保護她，她要天上的星星，都有人為她去摘，並不需要太過費力，長大之後，自然而然沒心機。她們的天真，是大家保護的結果。

很多人都有偏見，說美女多半沒什麼腦袋。其實，她們只是不需要太花心機，就能獲得自己想要的東西，更不需要費力、鬥智，才能得到愛情，她喜歡的男人，很容易就看到她了。

若出身於同一個家庭，家中有個美女姐妹，生存必然不太容易，不能憑美貌，只能憑聰明。若不是真的很聰明，只好想出一些小伎倆，否則，誰會注意到自己呢？

喜歡八卦長舌，在背後放話傷人、刻薄別人，通常也不是美女所為。美女不需要靠排擠他人、不需要靠尖言銳語，來得到別人的重視，更不需要企圖出賣他人來提升自己。美女無須放暗器，在陽光下自然光燦可人！

愛抱怨的男人沒出息

男人不是不能回家抱怨，但語氣一定要調整。問題就在他把氣惱憤怒也灌入語氣中，女人才會覺得自己像支被雷打到的避雷針。

打完工，大學生阿嘉和女朋友相約吃麻辣火鍋。

「怎麼了？你看起來心情好像不太好……」女友關心地問。

阿嘉的確滿肚子委屈。這一陣子他改到加油站打工，遇到一個凡事吹毛求疵的領班，對他的服務態度百般挑剔，讓他很不好受。女友一關心，他的情緒就像崩掉的堤防，立刻宣洩出來：

「唉，那個人真是他×的愛找我麻煩，明明是客人無理取鬧，竟然要我道歉，還在客人面前罵我一頓，真是他×的沒受過這種氣……」

他講得口沫橫飛，還把領班的表情模仿得維妙維肖，一點也沒注意到女友的臉越來越往下沉。她默默地吃著東西，只偶爾發出「嗯」的細微聲音，阿嘉

還以為女友覺得他說得很有道理呢。沒想到麻辣鍋還沒吃完，女友就說：「我先回去好了。」

「怎麼了？」

「我覺得你根本是遷怒到我身上。」女友說：「你有辦法就去對領班發脾氣，幹嘛來對我說這麼多三字經啊？」

「我哪有，我只是把事實講給妳聽。」阿喜認為，凡是男女朋友，就應該共患難才對，聽他抱怨，她會少塊肉嗎？「妳不想聽就算了，幹嘛還火上加油啊？」

女友幽幽地對阿嘉的未來下了評語：「你有沒有發現你很愛抱怨？一點小事就抱怨成這個樣子，將來怎麼可能有出息？」

說完，女友就走了。

這種事也常發生在現代夫妻身上。男人回家，妻子關心地問工作上有沒有發生什麼事情，氣頭上的男人把情緒一股腦兒地向妻子發洩，並沒有遷怒的意思，然而妻子卻覺得自己掃到颱風尾，再好的心情都被他破壞了。

多數女人心裡還會為此下註腳，認為這男人遇到一點小事就暴跳如雷，將

來哪能做大事，怎可能會有出息？一邊聽著，一邊悲從中來。

男人不是不能回家抱怨，但語氣一定要調整。問題就出在他把氣惱和憤怒也灌入了陳述語氣中，女人才會覺得自己像支被雷打到的避雷針。

要贏得女人的同理心，男人在陳述事件時，一定不要用太激動的語氣，也不能顯現出「遇小事就變成喪家之犬」的模樣，否則抱怨越多，女人對男人越會在心中強化「沒出息」三個字。「因為瞭解而分開」，就會成為愛情的無言結局。

對男人嘴壞的女人最吃虧

為什麼老是要批評別人，甚至是自己的枕邊人？
其實，她只是為了強調「我比他們強，請多看看我的優點。」

女人愛貶抑身邊的男人，常因自己習慣挑剔，或是想藉挑剔伴侶來告訴別人：他娶到我，是他的福分，和那個男人的品質好不好，其實並沒有關係。

某位老同學的妻子即是此類代表。

他們因辦公室戀情而結婚，我同學是知名律師，他的妻子則在同一辦公室為他處理庶務。她在某場合與我巧遇，話沒說兩句，就數落起我同學來：「妳知道嗎？他這個人雖然看起來人模人樣，可是和他生活在一起，真的好累、好痛苦。他從來不願意動手做家事，每天回家總是對著電視或看著報紙發呆；表面上看起來是個有為好青年，其實每個案子都要我催他催個半死，如果不提醒他，就慢吞吞地不知要拖到什麼時候才寫訴狀。我跟他在一起這些年，好像老

牛拖破車……」

哇，竟然用上了「老牛拖破車」的形容詞。其實我這位大學同學，一表人才、文質彬彬，在該行算是出類拔萃的青年才俊，這位大嫂對著和她還算陌生的女人當面批評起丈夫來，實在令人吃驚。

但習慣這位大嫂的說話模式後，我很快就發現，她有習慣性貶抑別人的傾向，不只對丈夫是如此。閒談中，她對公婆以及該公司的所有員工、同行的知名律師，都不只有「微詞」而已。

類似的女性在職場上並不少見，多以精明能幹見稱。她的能力雖然很強，卻有個致命缺點：見不得人好。

為什麼老是要批評別人，甚至是自己的枕邊人？

其實，這種人只是為了強調自己內心裡沒說出口的宗旨：我比他們強，請多看看我的優點。

有些人則習於用自己的委屈，來強調自己的偉大。有趣的是，喜歡把委屈當偉大的女人，通常也有個以怨嘆伴侶過一生的慈母，她只是承襲了同樣的模式而已。

如此一來，人緣自然好不起來。我大概可以想像，哪一天這位大嫂在別人面前提起我，應該也會出現很不以為然的表情和不自覺的貶抑口吻吧。

常以尖酸口氣批評另一半，不管是男友還是先生，都沒有「鼓勵他變好」的作用。想要一個男人變好，只能朝著妳要的方向來讚美他——當然，良禽擇木而棲，可不是每個男人都是可造之材！

別想讓女人在氣憤中冷靜

女人最恨自己生氣時，男人不說話。
其實，最好的方法就是哄哄她、拍拍她，說他愛她。

夫妻或情人吵架時，自認為是「好男人」的男人，往往會採取置之不理的策略。置之不理的方式有幾種——

第一種是：不說話。

不說話，隨妳怎麼吵、怎麼鬧都好。

第二種是：重複無意義的話。

比如，有時女人會為了男人一句無心的話而大發雷霆。

「你說，你說那句話到底是什麼意思？」女人怒氣沖沖地問。

「沒什麼……」

「沒什麼幹嘛這麼說？」女人繼續咆哮。

「就沒什麼……」

男人覺得自己會越描越黑，所以乾脆重複無意義的語句，希望女人因為「問不出個所以然」，而漸漸息怒。

第三種是：溜之大吉。找個方式逃出去，自己快活，留下女人獨自生氣。

第四種是：否認事實。

女人懷疑男人在外面有女人時，初期不想翻臉的男人，也常用類似的方法作為「緩兵之計」。

「你外面有女人對不對？」

「妳不要亂想。」

「要不然你為什麼最近常常手機關機，三更半夜才回家？」

「沒有……」

明明就是有，偏要說沒有，好像她才是睜著眼說瞎話、有妄想症似的。

以上四種都算是置之不理的方法，不過，這通常只對「健忘型」和「心軟型」的女人有效。依照他過去的經驗，只要保持不招供的態度，「酷刑」就會過去。他明白身邊的女人：她比較健忘，不久就會消氣了；她心軟，鬧大了，

自己也會懺悔，反過來想想自己是否有不對的地方。

但是，女人通常只會越來越生氣。據我統計，女人中大概有七十％是「記恨型」。她們會覺得：「你不說才是有鬼，要不，為什麼不說清楚呢？」就算此時不鬧，不久還會翻舊帳繼續鬧。

這些記恨型的女子中，還有不少是「報復型」的女人。既然你不在，我就找方法消氣。含蓄一點的，就跟其他女伴喝喝下午茶、吐苦水；想報復的，就刷爆信用卡，買一些昂貴的東西。後者通常是掌有家庭理財大權的女人才會做的事，用自己的錢來報復就太傻了。

女人最恨自己生氣時，男人不說話。其實，最好的方法就是哄哄她、拍拍她，說他愛她。只是當男人被逼到牆角時，也都像寒毛直豎的刺蝟，如果不是天生高手，誰說得出好聽話來？

老實男人的愛情優勢

老實並不會讓男人扣分，只要在外表上看起來不至於太土，有些厲害的老實男，甚至是用老實來「扮豬吃老虎」。

很多正值適婚年齡的男子交不到女友的原因，都說是自己太老實、訥於口舌，不討女孩子歡心。

其實在現代社會中，老實並不會讓男人扣分，只要你的外表看起來不至於太土。

老實男只要不忘偶爾修飾外表，不要穿得像自己的老爸或路邊的流浪漢，打理得乾淨整齊，就可以為自己加分。

男人也不需要太會說話。鼓起如簧之舌，一講話就關不了話匣子，反而會給女人「不可靠」的印象，女人也許會歡迎他在聚會中出現，卻不會想跟他牽手終生。

我也看過幾個很厲害的老實男，他們就是用老實來「扮豬吃老虎」。以志允來說吧，他是一個薪水還不錯的工程師，略超過適婚年齡，看起來就是個一般白領階級，長相並無特殊之處，身材微胖，但說起自己的戀愛史，卻總是很有自信。他交過幾個女友，都是漂亮的上班族，「運用老實的特色，追女孩子一點也不困難。」

由於看起來老實、工作又穩定，不少婆婆媽媽都願意幫他介紹女朋友，這是老實男勝出的地方。

如果他對別人介紹的女孩有興趣，第一個招數就是認真傾聽。不管女孩說什麼瑣碎話題，他都會表示很有興趣，創造出一種「我也可以像妳的同性友人一樣瞭解妳」的印象。

「我不是個說話反應很快的人，聽話只要認真點就好了，這對我來說比較容易。」志允說。

第二招是在情人節或她的生日時，送一個不寒酸的禮物。他說：「男人也不必太花心思，只要送她一個L牌的小錢包，就算不是她喜歡的型，她也會認為你很用心、很重視她。」而且還要說是姐姐幫忙選的——這暗示著他木訥到

不懂討好女人，需經人指點，也等於暗示女孩：我已經開始跟家人介紹妳囉。

第三招是先提出要到女方家裡拜訪。就算女孩不同意，還是會為他的誠意加分。

第四招則是假日帶女孩去看房子。這一招最有用，看房子又不用花錢，也有積極促進感情的作用，暗示女孩自己會搬出來，不會跟父母同住，也代表他有財力（雖然實際上未必），並且有與她成家的打算。

雖然志允老是敗在遲遲不能決定該把誰娶回家，但他的機會確實多到應接不暇，也攻無不克。而與他交往的女朋友，即使因為等不到真正的承諾而悵然離去，也都還記得：他是個好男人，曾經是那麼認真。

有小缺點讓妳嘮叨的是好男人

女人面對感情，常見的狀況是：遇到一個爛男人，偏偏愛得要死；明明碰上好男人，卻嫌得要命。

一群已婚老同學聚在一起。

新婚的詩容向朋友們抱怨：「唉，當初真該想清楚一點，實在不該結婚。兩個人生活在一起，問題真多。」

「怎麼了？」

「生活習慣完全不一樣。他拿什麼東西都不會歸回原位，下一次要用時，常找不到東西，害我跟著他忙得團團轉。不知道跟他講過幾次了，襪子還是會亂丟，我現在脾氣變得很差，只要一看到他亂丟的襪子就想發火……我爸媽來家裡時，他也不會多應酬一下，沒講幾句話，就說他有事要處理，回到書房面對他最愛的電腦……」

詩容覺得老公破壞了她井井有條的生活秩序，新婚後的兩人，老是為小事吵嘴。結婚已久的老同學們，都相視而笑。最後，瑞真忍不住對詩容說：「這不過是一些小事嘛，結婚久了妳就會知道，有小缺點讓妳唸的都是好男人，可別人在福中不知福。」

女人面對感情，常見的狀況是：遇到一個爛男人，偏偏愛得要死；明明碰上好男人，卻嫌得要命。

和姐妹淘相聚的時候，碰到壞男人的女人，面對一群替自己打抱不平的朋友，反而會說起這個男人的優點來，努力強調，她之所以沒有離開他，只因他曾經對她做過什麼好事。碰到好男人的女人，反而會在老友面前數落這個男人的缺點，彷彿每一條小罪狀都像「不堪同居之虐待」。

這是有道理可循的。爛男人很少對她好，所以她特別會記住他對她的那一點點仁慈；好男人很少對她壞，所以她就不自覺地挑剔起來，只要他有一點點不好，在她心中，就會變成天大的罪狀。

好不好是相對的。爛男人只要忽然有一點好，身邊的女人就覺得是天大的恩賜；長久被忽略，他們身邊的女人也變得十分容易滿足。

有小缺點讓妳唸的都是好男人，妳天天在意那些事情，只因他沒有闖下什麼大禍。他對妳好，才能夠忍受妳的嘮叨。

兩個人生活在一起，磨合期本來就長，愛一個人，未必能愛上一個人的生活態度與生活秩序，只能在各種小小的不滿意中，慢慢謀求一些折衷之道。

培養默契需要氣息與溫度

寂寞失落時，一隻有溫度的手，一次面對面的安慰，絕對勝過打字的千言萬語。不少遠距離戀愛，都毀在其中一個人碰到挫折、需要安慰的時候。

米兒和男友在偶然的機會下，經朋友介紹認識。幾天後男友回到加拿大，兩人熱烈地以 msn 和 Skype 連絡，談起遠距離戀愛。

雖然彼此都忙於工作，見面次數並不多，但他們約好每兩個月見一次面，他請假來台灣，或她請假去加拿大。每次見面都不到五天，然後依依不捨地說再見，之後只靠網路保持連絡。

第一年，兩人已論及婚嫁，但第二年，戀情卻無疾而終。

「科技產品是戀愛良媒，卻不能保證戀情彌堅。」米兒說：「遠距離戀愛最難的地方在於，每一次見面都像陌生人，不管在網路上聊得多親熱，兩人之間的親密感卻得從見面那一刻起，從頭開始培養。」

到達機場，他來接她，雖然很想念，也期待了很久，但兩人真正坐得很近時，反而不知道講些什麼，好像該聊的都在網路上聊完了。

太久沒見面，連搭對方的肩，都顯得有點奇怪。

人在寂寞失落的時候，一隻有溫度的手、一次面對面的安慰，絕對勝過打字的千言萬語。所以，不少遠距離戀愛，都毀在其中一個人碰到挫折、需要安慰的時候。

情人雖然不需要天天相見、每日黏在一起，但如果常常超過一個星期看不到彼此，陌生感確實會與日俱增，再無遠弗屆的科技也無法連絡感情。

科技上的溝通並非萬能，自有侷限，只能求方便，卻無法真正拉近心靈。

現在不少跨國公司都以視訊開會，節省時間、金錢，但問題也漸漸出現。

有位開設軟體公司的友人發現，他公司聘雇的軟體工程師分布各地，成立一個專案時，同一組的幾個人，通常只用視訊和網路連絡，雖然都能及時通訊，但默契還是很鬆散，專案效率不彰，主管需要溝通、協調的細節小事，反而變多了。

最後，他還是決定在一個專案小組成立前，召集大家回總公司，舉辦幾天

激勵會議，彼此感情變好了，工作效果也比以前好得多。

在默契的培養上，眼神取代不了，微笑取代不了，氣息和溫度，都取代不了。

愛得越深，別推得越遠

戀愛過程中，她始終害怕「穩定下來」的感覺，
過去談的幾段戀愛，進入穩定期後，也都是她最靜極思動的時候……

小珍和男友同居已經五年了，兩人本有結婚打算，不久前，小珍懷孕了，男友很開心地提議：那就趕快結婚吧！

小珍不想當胖新娘，與男友協議，反正現在社會風氣開放，生下孩子再結婚也不遲呀。

她自己也很開心地迎接新生命的到來，沒想到接下來的這段時間，她跟男友的感情卻迅速惡化，幾乎到了一見面就翻臉成仇的地步。她看男友也越看越討厭，他的一句話、一個動作，都可能惹惱她。

只要和他共處一室，她就有窒息的感覺。

「明知道他是個好人，而且再也沒有遇過任何男人，比他更適合我，可是

我現在反而想把他推遠，我到底出了什麼問題？是因為懷孕的緣故嗎？他試圖討好我、讓我開心，可是我卻想對他眼不見為淨？」

偏偏，除了男友之外，她並不會看其他人不順眼。體胖後心寬許多，朋友都覺得她越來越慈眉善目。

還是因為她有恐婚症？

她也覺得自己不可理喻，於是打電話給一位留洋唸心理諮商的朋友求援。朋友的分析，使她更瞭解自己，也在孩子出生前留住了孩子的爸爸。

這位友人和她交情很深，很清楚她的成長史。她請小珍想一想，自己是不是有某些童年陰影，才使她害怕某種親密關係？

原來，小珍和父母的關係並不和睦，父親喜怒無常，母親也好不了多少，常利用孩子當威脅籌碼，兩人也動不動為了小錢吵架，使她從小對家庭關係失去信任度。所以在戀愛過程中，她始終害怕「穩定下來」的感覺，過去談的幾段戀愛，進入穩定期後，也都是她最靜極思動的時候。目前這個男友較痴情，在她身邊五年的紀錄，已經是破天荒前所未有了。

「原來，我還真的有恐婚症，才會在潛意識裡把他越推越遠啊。」

那位朋友告訴她，她必須戰勝自己「情到深處轉為薄」的習性，才能給孩子一個安穩的家庭，否則她將來遇到什麼男人都一樣。

原來，當我們看身邊人不順眼時，未必是他惹了你。很多時候，真正惹毛自己的問題，可能從很久很久以前就深深藏在心裡。

再愛也要懂禮數

以跟蹤來追求的男人有兩種可能：一是精神本來就不正常，二是篤信「總有一天等到妳」。

玫芳陪伴好友小玉參加聯誼。

聯誼中，不少男子都對面目清秀、打扮優雅的玫芳表示好感，阿發先生就是其中之一。

他笑起來挺憨厚的，玫芳對他印象不惡，但她一開始就聲明：「我已經有男朋友，只是陪好友來的。」還想努力為他和小玉牽線。

聚會結束後，阿發送她們倆回家。

第二天，玫芳就在家門口收到玫瑰花。剛開始她沒想太多，還打電話跟阿發說謝謝。

第三天，出門準備搭捷運上班時，有一輛車緊隨著她。「喂，上車吧，我

送妳……」

是阿發先生，但她婉拒了他。來到公司門口，沒想到他也在那裡，笑盈盈地看著她：「看，搭我的車比較快，我已經在這裡等妳十五分鐘了。」

噩夢從此開始。他每天跟蹤她、不斷地打電話給她，逼得她只好將手機關機。不知怎地，某天半夜，家中電話忽然響起，一接起來，又是阿發：「我很厲害吧，連妳家電話也查得到……」

午休時間，和同事一起出去吃飯，也會收到他的簡訊：「妳現在人在星巴克對不對？」玫芳嚇出一身冷汗。

不久，又在信箱收到阿發的卡片：「我已經在妳家附近找到房子，我想離妳更近……」

她本想報警，又怕阿發報復。男友的哥哥是警察，私下替她「瞭解」此事，在她家門口「堵」到了阿發。阿發無辜地說：「我只是想跟她做朋友而已，我又不是壞人！」

以跟蹤來追求的男人有兩種可能：一是精神本來就不正常，二是篤信「總有一天等到妳」，認為只要苦追就會成功。

真不知道是誰教他們這一套「痴女怕纏郎」的理論，其實多數現代女人都不喜歡被苦追，除非她喜歡你。

她若喜歡你，不用苦追，只要用一點心，她就會覺得窩心。

追求愛情是人的權利，但不管如何，追一個女人或男人，一定要懂禮貌，不能為人家的生活帶來無法預期的不便。

纏郎只有在如下狀況中才會成功：那個女人本來就喜歡你，後來因誤會而與你分手，你用盡方法極力挽回。當然，挽回也不能沒禮貌。

如果原本就沒有一點喜歡，再纏也只是讓人煩膩。

對每個女人都好最高招

有種男人得天獨厚，分明是花花公子，卻在女人叢中吃得開。男人不分老少，都不與他為敵；女人不分老少，看在他的眼裡都能產生火花。

這個世界原本就不公平。

有的男人，什麼壞事也沒做，就是絕頂不討喜。明明條件沒差到哪裡去，但女人和他談戀愛，父母不放心、好友都看壞，要花好大力氣才會被接納。只要做一點小小壞事被發現，大家都會說：「看吧，他就是這樣，當初叫妳不要跟他在一起，妳偏不聽。」

有種男人得天獨厚，分明是花花公子，卻在女人叢中吃得開。男人不分老少，都不與他為敵；女人不分老少，看在他的眼裡都能產生火花。

大平就是這種男人，不能說他很英俊，只不過是看起來很舒服，整體感覺很乾淨，笑容暖洋洋的，讓人沒戒心。辦公室裡的歐巴桑，一見到他就心花怒

心儀的女同事
乖乖男
請喝茶。
哼！
書呆子
走開！
巴結
需要幫你買
便當嗎？
好啊！不過
你請客喔！
花心男
請喝茶！
謝啦！
唉..
差真多！

放；每天中午都有人問要不要幫他買便當，女同事們洗好水果，也會自動在他桌上多放一份，不怕別人說她偏心。

大平早有女友，但沒有女人介意他是不是死會，還是跟他很親近。大家也都略有耳聞：他性好漁色，一看到美女，就無法抵擋誘惑，出軌證據不少，為此女友跟他大鬧過幾回，但也都原諒了他。甚至，明明出軌的人是他，被譴責的還是他身邊的女人：「都是妳沒看好，他才會往外跑。」已婚太太們還企圖傳授祕技：「妳要好好加油，才能拴住他的心。」連女友的長輩們都說：「男人哪一個不花心？忍久了就是妳的。」

我雖然覺得跟他交往的女人有點倒楣，但從旁觀者立場來看，也覺得他挺可愛的。每次大老遠看到他，他都會很熱情地打招呼，用專注的眼神問候，好像真的是我很熟的朋友；幫他說一句好話、做一件小事，他的眼裡也都會散發出「真的很謝謝你」的神采，讓人覺得幫他是應該的。就算說他兩句，他也會裝傻，並不反駁，一副虛心受教的樣子，好像他是無辜才犯錯的。

以上都是男人討喜的要件。

不討喜的花花公子，兩眼只看得見他想狩獵的對象，嚴重的差別待遇，所

以惹人厭；討喜的花花公子，對各年齡層與階級的男女都展現相同的熱情與專注力，人人都覺得自己沒有受到差別待遇。

教你贏得好人氣

人緣好不一定能擔大任

很多人是靠好人緣來升官的。這很理所當然。如果A的業績還好，但很有人緣，而B是業務悍將，卻常與人起衝突，在調升職務時，他們的直屬長官一定會選擇較有人望的A，怕在B帶領下，單位會就此分崩離析。

但是，人緣好一定能升官嗎？

可別誤會了，人緣好一定要搭配能力不差，還要有領導統籌的本事。不少人緣好的人是沒脾氣的好好先生，不管你拜託他什麼瑣碎事情，通通都答應，自以為人緣好得不得了。問題是每個拜託他小事的人，都心知肚明，這種人只能在小事裡打轉，根本是個「打雜」的，要他來做領導，可就太不「知人善任」了吧。你的人緣好，如果只是好說話、沒脾氣，那麼，離升官之路還是遙不可及的。

學習成長覓良緣

工作上必須與人互動的人，也比較懂得應對進退，會運用第一印象來引人注意，跟他人的隔閡感較少。

「妳有沒有認識條件還可以的男生？拜託幫我們公司的女生介紹一下好不好？」

我走進朋友的會計師事務所，請教完稅務問題後，朋友這麼說。

「哪一位？」我從他的辦公室探頭出去看。

「每一位。」他笑著說。

「啊？」

「不知道是不是我們公司風水不好的緣故，辦公室裡的女生，一進來就沒有人嫁出去過。唯一結婚的那一位，是還沒進公司就嫁了。我看她們個性都不錯，怎麼會這樣呢？」

「貴公司是不是事務太繁忙了？」

「就是朝九晚五啊。需要加班的時間也不多。」他說。

該事務所至少有十五位未婚女性，從二十幾歲進來，直到年過三十，都沒有人發給老闆一張喜帖。

在我看來，一些工作靜態——大部分時間固定在位子上、陰盛陽衰、不太需要往外跑，或接觸新對象有限的公司，都有這種現象。若是學生時代沒交男友，上班之後要找到對象實在不容易。除了會計師事務所，還有出版社也是如此。

做這一類工作的女性，本身個性可能就比較文靜，如果不靠別人介紹，或在上班、回家途中有什麼偶遇，實在很難認識什麼新對象。

能不能在職場中認識對象，與工作性質有關。以報社或雜誌社來說，記者通常會比編輯容易有羅曼史，這是因為他們面對面互動的人比較多，跟個人的外在條件倒未必有關係。

工作上必須與人互動的人，也比較懂得應對進退，比較會運用第一印象來吸引人，跟他人的隔閡感較少。

如果不幸身處於缺乏辦公室外人際互動的行業，很想嫁出去，卻又不想參加令人尷尬的婚友聯誼、不想在婚友網站登錄，「參加進修班」是一個不錯的管道。下班後，不妨學學美日語，參加某種電腦研習班、攝影班、甚至金融業的技術線型研究班，就算遇不到良人，也可以有些成長。

要不，就勇敢上網交友吧。網上交友，不限地域，說不定妳的良緣註定在千里之外。

但在參加這些「課外活動」時，可千萬不要呼朋引伴。有些女生做什麼事一定要找一堆女人陪，吱吱喳喳地自成小團體，這樣下來，別人怎麼有接近妳的機會？

心靈浪漫才能溝通

一個不會表達自己心情的男人，也不會太在意女人的心情。一個無趣的男人，也會讓女人覺得自己很無趣。

靖靖交過一個男朋友，是個肌肉男。

他們是大學同校同學，靖靖是文學院美女，肌肉男是體育系健將。兩人都是自食其力的學生，靖靖平時靠家教賺取生活費，肌肉男則會外接一些生日宴的秀，由於外貌英挺，所以頗受歡迎。

兩人初交往時，大家都很驚訝，認為是很奇特的組合。不少女同學羨慕靖靖，認為她和情人在一起的生活一定很浪漫。

但不到一年，兩人就分手了，是由交了新男友的靖靖主動提出的。

「他，應該很棒吧。妳怎麼捨得不要他呢？」

閨中密友如此質詢。

「他很無趣。」靖靖說：「這是真話。」

「無趣？不可能吧？」

「妳們真是肉慾至上。說到有趣無趣，只想到那一邊去。我說的並不完全是肉體上的無趣，而是生活上的無趣。」

「他會跳豔舞，生活怎會無趣？」

「唉，那是工作，不是生活。就算兩人相處，豔舞也不能天天跳吧。他本性木訥，想法很直，平時唯一的娛樂是打電玩，一天可以打六、七個小時。跟他在一起，一整天可能說不到三句話。最重要的話，大概就是：『今天妳想吃什麼？』」

和他只能談一些每天例行的吃喝拉撒睡的事情，無法談到心情。床上有趣，日常生活可能很無聊，這是兩回事。

她真懷疑，這個人除了簡單的發怒和高興，還有表達自己想吃什麼，做了多久的體能訓練外，到底會不會形容自己的心情？

一個不會表達自己心情的男人，也不會太在意女人的心情。她天馬行空地說著自己的看法和夢想時，他總是心不在焉。

一個無趣的男人，也會讓女人覺得自己很無趣。無趣，是一個未婚女子會離開愛情的重大理由。然而，無趣在婚姻中並不構成原罪，已婚女子選擇忍耐者多，頂多和他吵吵嘴。就算吵嘴，也是無趣的，他並不太會去伺候她的心情好壞，久而久之，乾脆麻痺，平平穩穩過日子就好。

肉體的浪漫和心靈的浪漫不同。肉體的浪漫很容易麻痺，就是兩具肉體、就是那些動作，日子久了，難有新題材。

心靈的浪漫容易有新話題，氣氛對女人來說，畢竟比什麼都重要。

選餐廳是重要的社交學

很多人都用飯局來凝聚彼此的感情。不少傑出企業界人士都擅長選擇不同的餐廳來接待不同的賓客，而餐廳一定要適合客人身分，菜色最好也能迎合所好。如果這次邀宴客想讓賓客對自己留下深刻印象，千萬別寒酸，記住：小投資能夠讓你賺進大好人氣。

教你贏得好人氣

就算你沒有做生意的目的，選餐廳還是很重要。我曾經看過幾個錯誤例子，都和招待未來的丈人和丈母娘有關。比如，有人第一次與丈人、丈母娘見面，卻約在一家菜好吃、但不能訂位的人氣餐廳，自以為口碑好就應該錯不了，沒想到竟讓丈人、丈母娘在外頭排隊排了一個鐘頭，吃飯時吵雜不堪，服務生還限定他們要在一定時間內用餐完畢。

有人為了以示慎重，選擇五星級飯店的西餐廳，卻沒有顧慮到，丈人原是一個不吃牛排、只愛吃中式菜餚的人，花了大筆錢，卻換得了主客的不自在。

我也遇過那種捨不得多點些菜給客人享用的主人，說是要答謝別人讓他做成一筆生意，卻在中餐廳裡專點餃子與蔥油餅，讓客人離開餐廳又去吃了兩碗魯肉飯——心裡也明白，再怎麼幫這種人，他的感激還是有限，下次最好不要再跟他合作，因為他連一點好處都捨不得分出來。

Part 3

家和萬事興的溝通學分

經營家庭就像照顧花園中的小小苗圃，
疏於照料或揠苗助長，都無法讓荒蕪、枯萎的關係回春。
只要整頓自己的生活態度，體貼家人的需求，
就能讓你擁有一座枝繁葉茂、充滿春天氣息的愛的家園。

不要讓愛荒蕪

當小花園變得荒蕪時，我連澆水都覺得內疚了起來，因為眼前的景象根本就在提醒我：妳啊，真是不負責任。

最近我又請人整理了家中的小花園。一回家，舉目望去，感覺舒服多了。

我是個很喜歡栽花植樹的人，以前唸大學的時候，整個宿舍陽台的花木都是我種的，向來號稱「法律系植物組」。有了自己的家之後，也在窗台和陽台上種滿花草。只是有時工作繁忙，沒有時間修剪花木、翻土施肥，能盡到的義務，就是每天澆水——光澆水當然不夠，不多久，野草就長得比植株還茂盛，花木被蟲吃得一點也不剩，枯葉比綠葉多……只有「滿目瘡痍」這個詞可以形容。

當小花園變得荒蕪時，我連澆水都覺得內疚了起來，因為眼前的景象根本就在提醒我：妳啊，真是不負責任。

我想起多年前一位很有智慧的長輩跟我說過的話，他是個業餘植栽好手。他說，照顧植物跟經營感情有異曲同工之妙：

「你一定要定期整理花木，如果幾天沒有好好照料，就算盆景還沒死，你也會對它漸漸感到害怕。你越害怕，就越不想靠近它。」

人跟人之間的感情也一樣，如果有段時間疏於照料，就會覺得有點疏離。原來相愛的兩個人，有了裂痕之後，就會漸漸害怕起對方來。那個自認被忽略的人，常在潛意識裡發出一種怨毒，提醒另一個人：你不負責任，才讓我變成這樣。越是疏離，越害怕接近，直到感情無藥可救。

栽培感情和種植花木，也有不一樣的地方：荒涼的小花圃可以請園藝專家來挽回，一個下午就可以整頓完，比我費盡九牛二虎之力拔草整理的效果好得多，而感情從來沒辦法借助他人之力挽回。

植物只能站在原處，就算荒蕪還可回春，人心卻是變了之後難回頭。很多人總是等到感情快無藥可救時，才想要做很多大動作，挽回對方的愛意，最終只得到「太遲了」的答案。

因為愛已荒蕪，像枯死的植物，春天來了又如何？

吵架可以達到目的嗎？

有些男人，通常已掌握了一個大原則：反正老婆是不會跑的；老婆的氣不會生太久。所以氣氣她又何妨？

我原本以為，人人都是和平主義者，誰喜歡吵架？

我就很不喜歡吵架，如果是跟自己喜歡的人吵架，就算在道理上爭贏了對方，也未必使對方心服口服，說不定還會換來對方臭臉以待，贏了道理輸了感情，實在划不來。

若對方承讓，自己也會有幾分愧疚。

輸了更生氣，自己也未必心悅誠服，只是想：好了，算你對啦，我只是說不過你，改天或許再把這筆帳要回來。

就算有齟齬、有幾分怒氣，我已有經驗警惕自己，千萬別把架吵大。吵大了，難收拾。更不能夠吵到讓別人來當裁判官，不管誰對，必有一傷，感情也

有些人會利用吵架來換得一些東西。
女人遇到了這種男人，應該學會不要中計。

都會受傷。如果此人真的不是善類，真要斷絕來往，那又何必多費唇舌，學古人寫絕交書就可以了。

後來我才發現，有些人會利用吵架來換得一些東西。

比如，利用吵架來換得一時自由。

我有位上班族朋友阿敬說，他最近蠻喜歡跟老婆吵架的。因為老婆平時很愛管東管西，但只要一吵架，就會跟他冷戰、不理他，此時他就可以假裝生氣跑出家門，自由地和朋友相約打球或打麻將，等到老婆氣消了找他，他再乖乖回去。

吵一架，目的就達成了。

這真是一種古怪的說法。

「嘿，可不只是我這樣喔。我還有個朋友更過分，他只要一跟老婆吵架，老婆就會帶小孩回娘家，這樣就有好幾天的自由支配時間。只要過幾天去請她回來就可以了。」

這樣的男人，通常已掌握了一個大原則：反正老婆是不會跑的；老婆的氣不會生太久。所以氣氣她又何妨？如果女人遇到了這種男人，應該學會不要中

計。

女人也會用吵架來達到某種目的。我曾聽過一位妻子形容丈夫：「不是我喜歡跟他吵架，而是不吵架，他根本不知道我在生氣，把我的話當耳邊風。他這個人十分遲鈍，不拿針刺他一下，就不會感受到我的想法。」所以，吵架也變成一種必要儀式，買哪裡的房也吵架，買什麼車也吵架，後來都聽她的話。

如此一來，吵架又變成一種以毒攻毒的戰術。

只是，她也要確定，他本質上得很在乎她才行，否則哪可能吵出什麼好結果呢？

最親的人話最毒

有些人在外頭說話十分懂得分寸，但對自己人說話，就口無遮攔，甚或慣於雪上加霜。

走在鬧區街上，目睹一對開飾品店的母女吵架。

女兒正低頭擺放飾品，母親則一直在旁尖聲叨唸：「東西怎麼擺成這個樣子？妳到底會不會做生意啊？我是怎麼教妳的？唉，讓妳唸書是白唸了啦……早上就叫妳整理，妳到現在還沒弄好，看妳那個懶樣，越來越胖，也難怪那個阿明會不要妳……」

阿明應該是女兒的前男友吧。

「不要再說了！」

沉默許久的女兒，忽然咆哮了一聲，順手把耳朵摀起來……

媽媽被女兒的回嘴嚇了一跳，但一秒鐘後，她以更宏亮的聲音大叫：「神

壞力。

父母。」這位母親，說的或許都是逆耳忠言，但無疑地，也具有無以倫比的破

旁觀者都面面相覷，相信此時不會有人還振振有辭地說：「天下無不是的

女兒掩面痛哭，逃離了媽媽的視線。

經病！哭什麼！去死好了！」

有些人說話雖然沒有真正的惡意，但就是「毒」。

宮部美幸的推理小說《誰？》，就有這麼一號母親，被形容是「嘴巴有毒，毒如蝮蛇」。兒子不顧她的反對，娶了有錢人家的女兒，媽媽很不開心。結婚時，媽媽說：「沒關係，我就當你死了。」即使到了兒子婚後，說話也要東刺西螫。某天，兒子接到媽媽打來的電話，高興地說：「媽，我今天正好想起妳呢。」媽媽卻回答：「噢，難怪我今天好端端地頭痛了起來，還以為是中風前兆，原來是你害的。」

有些人在外頭說話十分懂得分寸，但對自己人說話，就口無遮攔，甚或慣於雪上加霜。比如：志強的太太只要對他稍不滿意，就會說：「你可不可以有出息一點？」平時志強已經聽習慣了，但最近碰到公司裁員，再聽到妻子講這

話，感覺就不一樣了，簡直比刀割還痛！另外，阿英在過年時回家與親人打麻將，自摸了好幾次，妹妹竟然對她說：「姐，妳在感情路上的運氣有這麼順就好了。」氣得她七竅生煙。

有的毒話傷人很直接，有的則指桑罵槐，有的人說了刺骨毒話還自以為幽默。雖說和最親的人爭執或吵架，到最後終得和好、彼此原諒，但有的話毒液很強，就算大和解之後，也無法將已經被腐蝕的信任感重建。

改造家人要有智慧和耐心

「下一代改造上一代」和「上一代改造下一代」一樣難，要共同生活，彼此都必須往對方稍微靠攏一點。

兩個人同住一個屋簷下就可能有問題了，更何況兩代之間同住一個屋簷下，生活習慣不同，不是上一代抱怨，就是下一代抓狂。珍珠是我僅見，號稱「能夠改造公婆觀念」的媳婦。

珍珠夫妻都是科技新貴，只有一個小孩，經濟上相當寬裕，公婆常從鄉下到他們家來看唯一的孫子，住在這兒的時間每年大約有一個月左右。剛開始，只要他們一來，家裡就會發生如下改變：冰箱裡充滿剩菜（兩老都捨不得吃新菜，堅持要把剩菜吃掉，導致新菜吃不完又成了剩菜，有的剩菜一連兩天都在桌上）；原本已被丟進垃圾桶的東西塞滿公婆的房間（包括不用的保養品瓶子和各色廣告單、舊報紙、打算資源回收的寶特瓶，房間儼然成了垃圾場）；出門

時，總是先穿上「舊衣服」，想出去吃頓不一樣的飯菜都被嫌浪費，買回來的任何東西都要問價錢。只要老人家一來住，夫妻倆總被迫急遽改變生活習慣。

「我覺得自己忽然變成了住在豪宅的貧民。」

這些習慣看來是苦過來的人的美德，但對現代生活來說卻未必理性。習慣犧牲的人，即使到了不必犧牲也可以活得安適的年代，也總是本性不改，還是堅持犧牲。而自己很犧牲的人，也看不得別人活得太好。

珍珠後來發現，原來她婆婆對於拮据的生活還是會抱怨。某天她和婆婆走過市場，婆婆看著漂亮的蓮霧說，她最喜歡吃黑珍珠蓮霧，昨天本來很想買一點的，但公公白了她一眼，嫌她浪費。「我辛苦了幾十年，他卻連花一點小錢也不肯讓我享受一下……」

珍珠大方買了幾斤蓮霧給婆婆，婆婆變成「共犯」之後，彼此就好溝通多了。她又拿孩子當藉口，說：「孩子看你們吃剩菜，會覺得我們很不孝順。」「如果孩子跟你們學，只吃剩菜剩飯，對他的健康也不好。」最後的妥協是：剩菜只再上桌一次，吃不完就倒掉；煮菜寧煮少，不煮多。和顏悅色、循序漸進、見縫插針，花了六年的時間，公婆的習慣才稍有改善。

「下一代改造上一代」和「上一代改造下一代」一樣難，要共同生活，彼此都必須往對方稍微靠攏一點才行。習慣不同，善意拉攏比板起臉孔對立，更容易改變對方。不常住在一起，又比住在一起容易改變，因為來者總是客，總是比較能尊重下一代的生活習慣。

教你贏得好人氣

美妙溝通，氣氛不可少

我對燈光一向敏感，很不喜歡白白亮亮的日光燈。

不知道你有沒有發現，一家餐廳的菜，看起來賣相好不好，和該餐廳的打燈方式絕對有關係。如果用的是傳統日光燈，再好的菜色看起來也慘白兮兮。

有人做過調查，發現臥室裡用暖色系燈光的夫妻，琴瑟合鳴的程度，要比用冷色系燈管的夫妻好得多。人是最受視覺影響的動物，而燈光對視覺更有重大的影響，同樣的空間換上不同的燈光，就會給人不同的感受。

小孩只准自己打

自己的孩子只能自己數落，是很多父母心中的真理。若你跟著附和，他們就會為自己的孩子辯白，甚至因此和說話不中聽的親友翻臉。

阿幸是個情緒容易激動的人，每次看她在公眾場合對著小孩大吼大叫，我都很不忍心，總會告訴她：「喂，小孩也是有自尊心的。」

小男孩難免都有一點好動，她的小孩已經不算很皮了。

阿幸很不以為然地說：「只有你們這些沒養過小孩的人，才會口口聲聲說什麼愛的教育啦。不打不罵，只會寵壞孩子，我這樣算客氣了，在家裡我早就打下去囉。」

不久前發生了一件事，倒讓她稍有反省。

她的孩子在學校和其他小朋友打架，回家時臉上有瘀青，故意遮遮掩掩不告訴她，直到級任老師打電話來，她才知道。

「為什麼打了架不告訴我？」

「告訴妳幹嘛？還不是又會被妳打一頓。」孩子自認倒楣地說。

她檢視孩子的瘀青，越看越是怒火中燒。

「是誰做的？明天我到學校去理論！」

「不用啦，互有傷亡。」孩子還挺有幽默感的。「不會太痛啦。」

「不行！」阿幸說：「我不能容忍別人打我孩子！」

「真奇怪，那妳為什麼老打自己的孩子啊？」孩子說：「別人打我，我還可以還手，妳打我，我只能乖乖讓妳打。妳打人才是最痛的！」

阿幸聽了，又好氣又好笑，也有一點慚愧。不過，習性能不能改過來還不知道。

「孩子只能由我自己打」，是很多父母心中的真理。小時候聽鄰居太太聊天，常聽到她們抱怨自己的小孩不孝，長大了到大城市工作，都不願回來看父母，真是浪費錢，白栽培了。但若你跟著附和：「對啊，真不孝，你真是白養他們了。」或有人說：「我兒子就不會這樣，最喜歡回家……」她就會為自己的孩子辯白，說：「也沒有啦。沒時間回來表示他很忙，年輕人忙著賺錢才會

有出息。」甚或會因而與說話不中聽的親友翻臉。

自己的孩子只能自己數落，別人千萬不可附和。

以此類推，女人在聽見婆婆抱怨兒子時，切記千萬不要跟著一起數落丈夫。她要罵是她的權利，妳跟著罵，就是不識好歹，罵在兒身痛在娘心，可不要不長眼。

世上最不長眼的人，就是向婆婆抱怨她兒子的媳婦，以及向岳父岳母抱怨他們女兒不好的女婿！

男人粗心，女人放心

女人可以原諒男人的粗心，只因她放心。她會樂觀地在兩人的相處中，尋找「他愛我的證明」，而不是拚了命收集「他不愛我的證明」。

「你覺得我以前的髮型好看，還是現在的髮型好看？」剛從美容院剪了短髮的妻子，在丈夫回家時迫不及待地問。

「這……」丈夫看了看她，楞楞地問：「妳原來是什麼髮型？」

原來，每天都會看見她的丈夫，根本不記得她原來是長髮還是短髮。

她有些洩氣，但生性不拘小節的她，很快就把這件事當笑話講。她知道，他只是太忙了，不記得她的髮型，並不代表不愛她。

她的男人向來粗心，記不得她的生日、結婚紀念日、孩子的生日……不過他很公平，也會忘了自己的生日、父母的生日，甚至連家裡住址也背不出來。

她能夠體諒，是因為她知道他真的很忙，日理萬機，這些小事情就不要為

難他了吧。她甚至覺得，這男人粗心得可愛——他本來就不是一個會費心討好女人的人，當時看上他，也是因為他有「男子氣概」，能夠為她頂住一片天，做事的魄力與負責任的態度，讓她很放心。

女人可以原諒男人的粗心，只因她放心。女人放心的原因有兩個：

一是她也不拘小節、不鑽牛角尖。一個放心的女人會有安全感、會很樂觀地在兩人相處過程中尋找「他愛我的證明」，不會像偵探一樣拚了命收集「他不愛我的證明」。

二是他志在四方，諸事繁忙。她知道他不是故意忘記的，只是因為忙、因為很多人需要他，所以她得當個多擔待的賢內助。

當女人計較起男人的粗心，也只因為她不放心。如果一個男人平常閒得發慌，每天沒什麼事做又愛往外跑，竟還把和她相關的種種都忘記，完全沒想過讓她感動一下、驚喜一番，那她跟他在一起，圖的是什麼？現在受到忽略，未來又有什麼安全感？

男人如果沒有大事業讓女人為他驕傲，那麼，一定要在這些小地方貼心著手，有閒工夫討好女人，女人才會覺得，跟著他還是值得！

吳淡如 教你 贏得好人氣

裝傻的藝術

適當的時機，對某些人、某些話裝傻，絕對是一種藝術。

有時候，把別人的話當耳邊風，才是最聰明的作法。比如說，兩代觀念一定不同，聰明的媳婦會對婆婆的某些嘮叨裝傻，不要每句話都跟她斤斤計較。有些話，聽聽就算了，就算她說錯了，也別急著扳正她，人活越久，許多觀念越是根深柢固，不是三言兩語就可以扳正的。

有時候，在職場上會聽到一些酸溜溜的話，比如你的某個提案成功了，贏得主管嘉獎，必然有人不高興。同事可能會說：「唷，你這下可是總經理跟前的大紅人了。」此時不如面無表情地裝傻：「是嗎？我自己可沒這麼想過。」也可以說：「你真是過獎了，我可擔當不起。」

有個朋友很高招，他確實白手起家、家財萬貫，所以某位伶牙俐齒的友人介紹他時，總是故意酸他：「他呀，什麼長處都沒有，就是有錢！」他很平和地接話：「至於他呢，什麼長處都有，最大的長處就是會幫我吹牛！」

裝傻和機智，中間有時是有等號的。

別當超級管家婆

一個人再有能力，身心負荷都有限，不能無限運用。好比魚缸裡的金魚，每日加它一匙鹽，總有一天會鹹死……

有位女性友人，是一家餐飲連鎖店的創辦人。最近她一直說，自己快忙死了，晚上都睡不著覺，要我幫她看看，她的時間管理有沒有問題。

我和她聊天後，發現她真是有三頭六臂。

除了不斷拓展的店務之外，她要負責的事情還真多。家裡雖然有佣人，也請了家庭教師，但她還是每天打電話遙控，吩咐家裡哪邊要打掃、晚餐要怎麼煮，連家教有沒有遲到，她都瞭若指掌。

這也就算了，除了自己的事之外，她還要管很多別人的事。

娘家兄弟姐妹很多，大哥的生意垮了，她要出面與債權人談判。

小弟惹事生非，她得去幫他辦交保。

晚餐要
4菜1湯！
我去幫
你談！
犬靈骨塔
阿姨幫你
介紹女朋友喔！
別傷心。
店面保持
乾淨！

厚！我怎麼
這麼累！
因為我不會處理
雜事啊！
天真樣
虛脫

姐姐家重新裝潢，她還會抽空為姐姐監工看進度。

姪子離婚了，她則忙著為他介紹女朋友。

她熱心公益到佛光萬丈的地步：如果看女性友人服裝衣著不順眼，她會陪著友人打理新造型；朋友家的狗死了，她還幫忙找靈骨塔。

夫家的事也要管，要買房子、談貸款，她都親自出面。

人人都說她能幹，有如千手觀音，但千手觀音自己越來越無法控制自己的一千隻手。

「妳管的事真的太多了。」我搖頭：「有些事可不可以授權給別人做，或者，不要要求得太完美？」

「可是，如果我一下子閃神沒盯著，事情都會出錯。」

過去的不愉快經驗，使她無法從容放手。

「奇怪，我一直是這樣忙過來的，為什麼以前還覺得遊刃有餘，現在卻覺得有點吃力，每天都好煩？」

一個人再有能力，身心負荷都有限，不能無限運用。好比魚缸裡的金魚，每日加它一匙鹽，總有一天會鹹死，只是每個人的魚缸大小不同而已。她魚缸

裡的鹽分含量，應該已經到了警戒線。

在我的觀察中，事業成功的女人和男人有個最大的不同之處：男人越管越少，女人越管越多。

男人事業繁忙，家人都要他以事業為主，哪裡敢拿小事煩他，總有人在背後收拾善後；女人事業成功之後，親人們反而會覺得「妳連大事都可以做了，小事哪裡難得倒妳？這點小事不幫，就太無情了。」她若本有管家婆個性，也會越管越多，把許多事都攬在自己身上。

難怪，抱怨「蠟燭兩頭燒」的，大多是女人。

為何親密家人愛潑冷水？

男人逞強時，考量的都不是實力，而是面子。女人阻止他，他的自尊就會受傷，所以只有在等他「出事後」，才能講幾句風涼話。

小張三十六歲，很早就有痛風的毛病。那一天，他在一家海鮮餐廳與幾個朋友聚餐，一高興，就拚了命地喝啤酒，酒喝多了，又拚了命地把各色海鮮送進嘴裡。太太看了，忍不住提醒他：「喂，這樣不好吧，會出問題的。」

他當下白了太太一眼，哼，烏鴉嘴，真是掃興。

太太知道他一向很愛面子，也就不再阻止。

當天晚上，現世報就降臨了。小張的手指全腫起來，半夜裡唉唉叫，痛不欲生。太太雖然努力想幫他減輕痛苦，但還是忍不住說了一句：「早知如此，何必當初。」

他向別人訴苦，老婆真是可惡，不安慰他就算了，還潑冷水，幸災樂禍，

心腸真硬。

這已經不是第一次了。只要他覺得自己情況稍微好轉，就會有「縱慾」的現象發生，他會安慰自己：「一次應該沒關係吧，我身體其實好得很。」

男人有各種逞強行為，有些是生理上的，比如高血壓還愛吃蹄膀；糖尿病還大吃大喝；心臟不好還要去洗溫泉；喝酒硬要開車……有位朋友的父親，已經七十歲了，竟然跟十歲的孫子比誰跑得快，結果扭傷了腳，半年不良於行，那時他才發現自己實在不年輕了。

以上行為，主要是害了自己，而有些逞強行為還會害了別人：明明自己經濟上也不太過得去，卻想買一部拉風名車、為人作保、借調一大筆錢給朋友週轉、融資來買他覺得一定會賺幾翻的股票。男人逞強時，考量的都不是實力，而是面子。

面子有大有小，女人阻止他，他的自尊就會受傷；女人繼續唸，就會弄得夫妻關係不睦。所以女人只有在等他「出事後」，才能講幾句風涼話。

之後，他又會覺得「這個女人怎麼這麼愛潑冷水，真是面目可憎」。其實關係是相對而生的，愛潑冷水的妻子，多半有個不自量力的丈夫。

即使有理，也不要當面給人難堪

在電影《赤壁》第一集中有這樣的畫面：周瑜管理軍隊，軍法嚴明，奈何軍人裡，原本就有些雞鳴狗盜的不法之徒，還是改不了老毛病。有一回，軍營旁的農戶來投訴，剛剛有軍人偷了他們的牛。

偷牛賊是要判死刑的。周瑜一看，馬上知道是哪些人偷了牛。因為偷牛要到水田裡，而軍人腳上都纏著白色綁腿，當日氣候乾燥，偷牛賊腳上的白布一定比其他人髒。偷牛賊全來自一支歸順的隊伍，其中的組成分子原本是一群盜匪。

當場將他們處死，剛歸順的盜匪頭子一定覺得不好受，甚至可能因此起了叛變之心。周瑜於是命令他們跑步，全都得經過一處水窪，每個人都把腳上的綁腿給染黑了。

那幾名盜匪，心知將軍開恩，不久就把水牛牽還給農戶。而周瑜的用心，也降服了這一群江湖中人，讓他們在沙場上戮力以報。

即使對方明顯做錯了，也不要當面讓人難堪，私底下告知即可，你也會像周瑜一樣得人心！

兩面人到處都是

人的耐心都不是全面性的。公事上的耐心，是因為敬業樂群，所以忍人所不能忍；私事上，則本性顯露無遺——甚至會把工作的委屈，轉嫁到私生活裡。

「我真的不明白她怎麼會這樣？」小王抱怨著女友：「她是幼稚園老師，我追她的時候，就是被她的耐心感動的。她對再煩人的小朋友都很有耐心，循循善誘，說話聲音溫柔得像個天使。」

當時他心想，娶妻當如是也。這種女孩必是賢妻良母，娶到她，三生有幸。交往之後，卻發現並不是這麼一回事。女友脾氣很大，一點小事——包括幫她買東西買錯牌子之類的，都會一臉不高興。

「妳對小朋友那麼有耐心，對我怎麼差那麼多？」

「你又不是小朋友。」女友搶白。

人的耐心很奇妙，每個人的耐心都不是全面性的。小王的女友，在公事上

的耐心，是因為她敬業樂群，所以能忍人之所不能忍；私事上，則本性顯露無遺——甚至會把工作上的委屈，轉嫁到私生活裡。

這種「兩面人」其實很常見。不少男性業務員，無論受到多大的侮辱，對客戶一定滿面笑容，但一回家就板著一張苦瓜臉，對於妻小毫無耐性可言。他們的理由是：「公事上已經要看人臉色了，總不能回家還要我看人臉色吧。」所以，理所當然要別人看他臉色。

古時候的大臣或太監不也是如此嗎？對君王畢恭畢敬，對屬下卻又是另一種嘴臉的，應該占總人數的八成以上。有句成語叫「媚上欺下」，指的就是這樣的人，到了現代，大多數人變成了「媚外欺內」。

外頭的會跑掉，必須有耐心；裡頭的跑不掉，所以沒耐心。

「媚前欺後」（前倨後恭），也是人性的特質之一。剛談戀愛的人，對彼此都比較有耐心，耐心觀察、耐心傾聽，深怕遺漏了他的一個眼神、一個重要訊息、一個暗示。相處久了，感情平穩了，激情消褪了，耐心多半也會退潮。會說「他只要一眨眼，我就知道他要做什麼」的情人，往好處說是有默契，往壞處說，是已經沒新鮮感了，對他會說什麼、做什麼已經知之甚詳。也許他講

的每個笑話，她都已經聽過一百遍，怎麼可能有一樣的耐心？
想懂的時候，自然有耐心；自認為早就懂了，何必有耐心？

如果有人請妳說重點，意思是……

大部分男人的理解力，偏向於聽重點。太多分散的訊息，會使他們頭皮發麻；太誇張或戲劇化的語調，會讓他們認定為疲勞轟炸。

「我們家那個老王，真的會讓人氣死……我都不想跟他講話……」跟他講話，火氣就上來了……」麗貞抱怨著。

她說話很快，語氣和動作很誇張，帶有一種天生的戲劇感。第一次見到她的人，直覺就會認為：「嗯，她真是個熱心的好人。」

「怎麼了？」我問。

「難怪人家說婚姻是愛情的墳墓，我覺得他一點都不重視我……每天只會看各種球賽節目……不知道有多久沒有認真跟我說話……每次跟他說話，我都一肚子火……」

這開場白未免太長了些，她是不是可以講重點？我試著再問她：「那問題

出在……」

「問題出在我們已經不能溝通了。每次我想跟他說話，他都很不耐煩，用一種冷得要凍死人的眼神看著我，好像拿著一把手槍叫我閉嘴似的……我才剛說話，他就板著臉跟我說：『講重點！』」

哈哈，問題就出在她不講重點嘛。

人過中年的夫妻，常出現的日常生活畫面就是：太太有事找老公討論，才剛把臉上的表情做足，正想「大張旗鼓」來一段「演義」的時候，沒說完開場白，先生馬上就板起臉來說：「講．重．點！」

太太總會有不受尊重的感覺。

不少情侶間也常出現這樣的對話模式。過了熱戀期的男人，傾聽的耐心漸失——如果女人持續將瑣事拿來長篇大論、或老把親朋好友的故事說得太過冗長。

大部分男人的理解力，偏向於聽重點。太多分散的訊息，會使他們頭皮發麻；太誇張或戲劇化的語調，會讓他們認定為疲勞轟炸。太多言語的關心，會讓他們覺得是碎碎唸。

會被勒令「講重點」的女人，說話通常有三大特色：

一、說話還真是沒有主軸。東接一句西扯一句，本來該在大河上行舟，卻一不小心就會跑到支流去。

二、過程說得太長，分不清楚哪些訊息可以過濾，把溝通當成閒嗑牙。

三、回答總是不切題。問她：「張伯伯的女兒大學畢業了沒？」她可能會報告起張伯伯女兒的戀愛史。有位男主管告訴我，每次他問某位女性員工：「這個月業績如何？」她說了老半天，從大環境的不景氣、業務多難跑，說到家裡小孩輪流發燒，繞了半天就是不肯說實際數字。他只好不近人情地打斷她：「我真的很忙，只要報告數字就好，不用說原因！」

如果老是聽到有人要妳說重點，那麼，先學會報告結果，針對問題回答，再看狀況，決定要不要簡短說明流程吧。

用態度暗示下一步行動

有個朋友託我向一位名醫預約門診，好不容易等到那一天，她卻因太過忙碌而錯過，懊悔不已：「真是的，那天有三場會議，每場都開得又長又臭，也沒什麼結果。浪費我的生命，還害我忘了要去看醫生。」

聽她這麼說，好像過錯都在別人，究其原因，還是「時間管理」做得不好。她素來人緣好，也不想得罪人，所以喊「CUT」的功夫比較弱。

「其中有個會最要命，是個失業的老朋友來找我，談談有什麼生意可以做。她看起來很沮喪，說話的聲音很虛弱，整個人的磁場也很DOWN，東扯西聊，我也不好意思要她走……」

脫身並不難，給足夠的暗示即可。她可以傳簡訊給一個朋友，請他在時間到的時候打電話給她，如果對方還滔滔不絕，就請對方多打幾次。接電話時，最好裝點神祕離開座位，表示那是一件不想讓對方知道的重要事情。你的身體變動了，對方也會明白，這是該離去的時候。你只要保持客氣的態度，向她道歉：「不好意思，今天有些重要的事得做。」這種作法並沒有「趕人」的明顯意圖。

還有，如果會談的地方是在自己的地盤上，而訪客沒有足夠的時間自制力，主人會比較難脫身。約在與兩者都不相干的地方，是最好的選擇。

別把另一半當透明人

沒有吵架，不代表關係和睦，有的是已經懶得吵了，
反正你也不會改，我也不想改，大家忍辱偷生，不要溝通就沒事……

婚姻中，什麼滋味最難受？

除了爭吵打鬧不休之外，應該是被另一半當作透明人。

沒有吵架，不代表關係和睦。有的是已經懶得吵了，反正你也不會改，我也不想改，大家忍辱偷生，不要溝通就沒事。

芝玉說，她今年三十五歲，感覺婚姻已經進入了彈性疲乏期，老公看她的眼神就像當她是個透明人，和她說話，也只是哼哼哈哈地應付過去就算了。只要她說話超過一分鐘，他的眼神就會自動放空，好像神遊到另一個世界似的。

她沒有懷疑過老公是否有「二心」，但婚姻已經沒了感情，只剩下對孩子的責任，不知道未來該怎麼過下去。

「我爸媽也是這樣，步入中年之後，婚姻只等於責任。我竟然不知不覺就步入他們的後塵。是不是每段婚姻都有彈性疲乏之期？」

很多人在婚姻感覺漸漸平淡後，總會安慰自己：天底下每一對老夫老妻都應該是這樣的吧，其實這是一個巨大的警訊。老夫老妻，說話行動可以較無顧忌，但也不該發展到把對方當成透明人、漫不經心的程度。一段婚姻如果到了「你再怎麼難過我也不想管」的地步，恐怕狀況已比離婚更糟。

把對方當透明人，原因可能在於他另有所愛，也可能長期下來實在無法溝通，所以乾脆不要講，以免自惹麻煩。不曾懷疑他有二心，是妻子的善良，但這種狀況絕不只是彈性疲乏，而是婚姻已缺乏愛情滋潤。

如果還有一點愛意，你需要的是重新整頓自己的生活態度。甚至只要你的談話內容有一點新意——試著讓自己學些東西，在知性上有所成長，或尋找一些共同的新體驗，如果沒有時間，偶爾約他喝一杯咖啡，或光鮮亮麗地請他外出吃頓晚餐也好。他當你透明人，你也應該當他是稻草人很久了吧。

兩人一成不變的對話，象徵著一成不變的生活，不只讓婚姻疲勞，還會令人對婚姻有厭惡感。當有人感覺婚姻只剩下責任，就是愛即將消失的預兆。

妳到底需要什麼樣的關心？

女人所需要的關心，未必有具體事宜，
她只是希望自己愛的男人多噓寒問暖、多傾聽。

　　慧娥又一聲不響地帶著小孩回娘家去了。

　　當男女朋友的時候，志凱很怕慧娥生氣不理他，總會好聲好氣向她賠不是。婚後三年，他變得有點習慣了，她生悶氣、打冷戰，剛好，他可以落得耳根子清淨。

　　她帶小孩回娘家，更好，那幾天他做什麼都沒人管，回到自由的單身漢時代。若是週末、週日，更加美妙，每天早上打

一場高爾夫球，晚上還可以去游游泳、到朋友家打打麻將，不必受什麼「家庭日」的限制。岳父岳母比老婆更會照顧小孩，小朋友很愛回外公外婆家。

反正，沒兩天慧娥就會回來了，回來之後，他會假裝什麼事都沒發生過，不久，慧娥還是會恢復跟他嘮叨的習慣，不說話，她比他更受不了。

他就當慧娥出去度假，自己也可順便開個小差，簡直是兩全其美。

果然，週日晚上十一點，他回家時，慧娥回來了。他本打算裝累，洗個澡就默默上床，慧娥怒不可抑地叫住他：

「你當我是石頭還是木頭？你可不可以關心我一下？你到底打算裝聾作啞到幾時？」

他嬉皮笑臉地回答：「我哪有不關心妳？妳回來了，歡迎歡迎！」

「別裝了，你根本不關心我！我如果死在馬路上，你恐怕要等到新聞報導才會發現！」

慧娥的比喻讓他大笑，老婆什麼時候變得這麼幽默。

「好啦好啦，別生氣，那我關心妳嘛。」他壯膽坐到慧娥身旁：「那妳要我關心妳什麼？」

慧娥聽了，又開始生悶氣。

「請幫我評評理，」志凱說：「她又不告訴我，我怎麼知道要關心她什麼？如果我再逼問下去，她又常沒完沒了講些實在不值得關心或別人家的事，我很累耶。」

女人常常抱怨男人不關心他，但男人的心聲常是：「我真的不敢關心她，一關心就沒完沒了，抓不到主題。」問題在於，女人所需要的關心，未必有具體事宜，她只是希望自己愛的男人多噓寒問暖、多傾聽。

雖然，有時候她也不知道自己要男人關心些什麼，只知道他給她的關愛不夠多。

女人的說話，常沒有重點；男人的傾聽，總在抓重點。兩性之間若找不到共同主題和平衡點，男人就會想逃避，而女人則覺得男人不夠關心。

有時擁抱也可以解決問題。但此舉若太唐突，又會讓女人覺得：你怎麼會在這個時候還想到性？我要的是關愛而已。

強迫式恐嚇不會有效

人性中有一種反抗因子，你把它說得越可怕，他就越想試試看，禁忌總是充滿吸引力，一恐嚇，兩人的溝通管道就完蛋了。

阿壯早婚，兒子已經十八歲，想買部機車騎著上學。阿壯力表反對，有一整個月，父子陷入冷戰，阿壯不時剪下報紙上「機車騎士慘死」的新聞，放在兒子的書桌上，希望兒子能有所警惕。

誰都當過青少年，但度過這段時期之後，人們通常很健忘，忘了青少年會怎麼想。這些由父親小心翼翼剪下的報紙，兒子當然不會好好珍藏，第二天就粉身碎骨地躺在自己房間的垃圾桶裡，結果當然無用。過了幾個月，阿壯發現兒子還是偷偷用自己的零用錢買了台機車，還寄放在隔壁的同學家。

「真是逆子，怎麼跟他說都沒用！」阿壯說。

強迫式恐嚇，本來就是說得再慘都沒用；不但沒用，還會激起人們內心深

處的反彈。這一點，做廣告的人都懂。不少衛道式廣告強調人們做某件事，會「害人害己」、「禍延家人」，就像在香菸盒上提示警語，說抽菸會導致肺癌一樣，都擋不了大多數人的決心或慾望。

我曾碰過一些母親恐嚇青春期的女兒：「妳不可以跟人家怎麼樣，一怎麼樣，妳一輩子就完蛋了。」我還碰過一個母親，她發現唸高中的女兒在學校交了男朋友之後，怒氣沖沖地逼問：「妳是不是已經跟人家上床，已經不是完璧了？」女兒否認，她還是堅持拉著女兒到鄰近婦產科檢查處女膜。

女兒沒有說謊，但從此不跟她說話。

三個月後，女兒跟著男友離家出走，一年多後再回家，已是未婚媽媽。

人性中有一種反抗因子，你把它說得越可怕，他就越想試試看，心想，試一次沒關係吧，禁忌總是充滿吸引力。

恐嚇，兩人的溝通管道就完蛋了。

幽默大師威爾．羅傑斯曾說：「世界上有三種人，一種由閱讀學習，一種由觀察學習，而其他人則必須親身經歷、付出慘痛代價才能學習。」

第一種人很少；第二種人多一點，但這些經驗必須發生在他的至親好友身

上，才會對自己有所警惕；第三種人就是我們這些芸芸眾生。

沒有人能透過恐嚇學習，恐嚇最沒有說服力。

婚後也別失去好友

女人如果喜歡一個男人，多半開始把那個男人放進行程表中最重要的位置，朋友不會比愛情重要，難怪漸漸沒有朋友。

小容婚後一個朋友也沒有，唯一願意跟她保持連絡的同學，是賣她保險的阿嵐。雖然知道阿嵐的關心或多或少是基於對客戶的禮貌，但她還是很珍惜這份友誼，這幾年來不斷跟阿嵐加買保險。有一天，老公發現家庭收入的四十%都付了保險費，和她大吵了一架。

「妳買了那麼多人壽險，是想等我掛了以後當貴婦嗎？」老公說起話來也很毒。「妳知不知道，我死了妳才領得到錢啊。」

「可是阿嵐說，你是家裡唯一的經濟支柱，一定要多保一點才行……」小容委屈地解釋，但越描越黑。

婚後沒有朋友，是不少女人的感嘆，特別是婚後離開工作崗位當全職主婦

的女人，最不容易交到朋友。

主要是為了孩子。孩子的成長煞費母親心力，在六歲以前，幾乎無法一刻不留神。母親被弄得精疲力盡，除了少數貴婦能擁有大量幫手外，其他全職主婦很難有時間和朋友碰面，朋友有難，也不可能兩肋插刀相助，或像少女時代般陪朋友徹夜長談。沒有付出就沒有收穫，友誼是一棵有生命的植物，不管多麼堅韌，沒澆水就會枯萎，日子久了，自然漸漸萎縮。

職業婦女也好不了多少。上班時間外，一定要把剩餘的時間全部拿來奉獻母愛，假日時婆家、娘家的聚會更占據了她許多時間。丈夫可以在假日繼續打高爾夫球，或美其名為了生意而應酬，另外認識不少狐朋狗友；她卻可能還在為了一點小事，花時間和小姑、婆婆嘔氣。

她可能認識其他同樣養育幼兒的媽媽，但談的都只是媽媽經，未必說得了心裡話。說心裡話的代價很高，不小心也可能變成長舌婦之間的話題。

帶著幼兒，還要能專心聊天，都是天方夜譚。

早婚和晚婚都很慘，和原來的好友失去共同話題，容易有孤立感，聚會了幾次，便自覺無聊。

和過去的異性好友說話，丈夫多半會有意見，除非那好友是同性戀。

其實這個傾向是從戀愛時期就開始的。女人如果喜歡一個男人，多半開始把那個男人放進自己行程表中最重要的位置，一切安排為他而改變，他一徵召，她的魂魄便不由自主地馬上脫離好友身邊。朋友不會比愛情重要，難怪漸漸沒有朋友。女人婚後還能交知心新朋友，通常都得在新的學習中找到志同道合的友人。但等她有空時，孩子都已長大，經濟也不勞操心，多已進入中年。

教你贏得好人氣

一定要交的朋友

♥想活得好，一定要交的朋友有三種：

樂觀的人、有專長的人、願意讚美別人成就的人。

♥想活得好，一定要避免的朋友也有三種：

一跟他講話就讓你心情低落的人、老是批評別人的人、憤世嫉俗的人。

破壞浪漫的枕邊語

情人上床前，誰會討論一些瑣碎事？越激情的時候，上床前的話說得越少。根本來不及說話。

夫妻生活越來越不浪漫，常是因為太熟的緣故。兩個人太熟了，就會有很多共同認識的人、必須商量討論的事。現代人都忙，這些事常常留到床上來講，看起來是很好的溝通機會，不過確實也破壞了興致。

「情人上床前，誰會討論這些瑣碎事？越激情的時候，上床前的話說得越少。根本來不及說話。」說得有道理。

夫妻上床後，常把床當作會議室，通常都會有一方把今天發生的事交代一下，然後才打算做別的事情。而某些話一說完之後，必然打斷好不容易燃起的

熱情。

這一些破壞浪漫的枕邊語如：

孩子的求學狀況，在學校又發生了什麼事，女人覺得丈夫有責任要關心，於是變成每日例行的上床報告。

還有「你媽今天又打電話來」之類的事。這些牽扯到雙方家族的事，只要有了任何新發展，大家都會認為另一半有義務知道。有時用詞不當，批評到對方親族，還會惹得另一方不高興，不但澆熄浪漫，還會因而打起冷戰。

有時，床上報告也會變成財務報告：「這個月的水電費好貴，不知道為什麼，比上個月多一千元……」「今天××百貨週年慶，我買了一個包包，打二折，才三千多元……」

財務報告本身沒什麼錯，但也是毀滅遐想的最佳武器。

有的女人並不說出她真正想要的，當先生快要進入夢鄉時，聽到的不是她的需求，而是抱怨，如：

「你都不聽我說話！」「你怎麼每天都累成這個樣子？」

有時在床上則像個徵信社派來的專業職員：「那通電話是誰打來的？」

「你剛收到的那通簡訊是誰發的？」「……你姐剛打來跟你說什麼？」

男人一逢逼問，都有一種寒毛直豎的恐懼感。

或者，把床上當成進諫的最佳場所：「你不要老是跟老張在一起，我看他這個人不太老實。」「別再玩股票了，你要搞得我們傾家蕩產才甘願嗎？」

多數女人都有一個習慣，她們不喜歡馬上變成「動作派」，上床前一定要先講講話，讓她有一點情緒。但男人除了在熱戀時會說一些挑逗的話，常都是講些不順耳的話，適得其反，讓女人心裡一片涼。

當然，統計起來，男人最不喜歡聽到的話，還是他靠近她時，她冷冰冰地說：「我很累，你知不知道？」

男人出不來的時候

關係親密的人同歷困境時，最糟的狀況就是「禍起蕭牆之內」。但就算是對方的錯，他也必然很內疚了……

在我主持的節目中，某位婚後幸福美滿的女星說了一則故事：

一天晚上，先生半夜說自己睡不著覺，她好心建議他：「那我們出去兜兜風吧。」

到了一個大賣場，招牌還亮著，她提議：「那我們進去逛一逛好了，這一家應該是二十四小時營業吧。」

兩人把車開進了停車場。一進去才發現怪怪的，原來大賣場已經打烊了，上頭寫著：營業時間早上六點到十點。過了這個時間之後，停車場仍可開車進去，但出口的鐵門卻拉了下來。

兩人簡直是被軟禁在停車場中。

遇上這種狀況，大多數夫妻都會互相指責嘔氣，丈夫可能會怪太太：「都是妳說這是二十四小時營業，我們才會開進來！」

太太也一定很委屈：「都是你說睡不著，我才好心陪你出來散心，誰知道會發生這種情形！」

沒兩句話，可能就會吵起嘴來。

但她很懂得苦中作樂，跟老公說：「我們平時都那麼忙，這或許是上天的旨意，讓我們有機會聊天。」

兩人就從初識開始聊起，祖宗八代的故事再細數一遍，一直到清晨六點，管理員來上班了，他們才從停車場脫困。

兩人都很懷念這烏龍的甜蜜時刻。

在場的人都羨慕不已。一般夫妻，同在一部車子裡時，碰上了倒楣事，很少不互相怪罪。有時兩人開車出去，太太報錯了路，提早一個路口左轉，先生就會瞪視著她，發出「嘖嘖」的不耐聲。有時一同赴宴，在路上碰到大塞車，也不是誰的錯，太太就會怪起先生：「我要你早點出來，你偏偏要拖到現在，這下好了，碰到大塞車了吧。」兩人便開始冷戰或熱吵起來。

關係親密的人同歷困境時，最糟的狀況就是「禍起蕭牆之內」。就算是對方的錯，他也必然很內疚了，如果能夠在第一時間點，站在對方的立場，想辦法為對方解圍，相信對方一定會非常感謝你，明白你的心和他站在同一條陣線上。

當得了一世夫妻，卻做不了一時朋友，都只是因為在小事上太計較誰錯、誰對。

太會找藉口，讓人覺得不成熟

我的一位女性朋友，曾經交過這樣的男朋友：兩人相約吃午飯後回到辦公室，結果回程中遇上了防空演習，這是前幾天新聞上已經宣導過的演習，只是兩人都沒把這件事放在心上。

餐廳離她的辦公室較近，所以在演習開始禁止通行前，她已經回到了辦公室，而她的男友卻被擋在路上。

男友打電話給她，火氣十足地罵了她一頓：「為什麼有演習妳卻沒告訴我，害我在這裡站一個小時，妳知道我今天還有多少公事沒處理嗎？」

她覺得很委屈。但又不好意思刺激一個正在氣頭上的人。不過她也警告自己：這樣的男人，恐怕不會有什麼出息，跟他在一起，會一直當代罪羔羊。

我們身邊都會出現某種人：「今天會變成這樣，都是你的錯！」辦公室裡也不例外，老闆問祕書：「妳跟大智公司的張經理連絡過了沒有？」祕書其實打過電話，只因當時無人接聽，接著又忙別的事就忘了，但她卻回答：「我打了，但是打不通，他都在通話中……」

這種藉口聽來名正言順，但老闆一定不太高興。他要知道的是結果，而不是無效溝通的過程。

她應該這麼說：「對不起，他剛剛在忙，我馬上連絡。」才能顯現出自己的積極。

公司裡也常出現「怪來怪去」的情形，業務部怪產品企劃部沒推出好產品，企劃部怪業務部沒有認真賣東西。儘管怪爹怪娘怪鄰居都有道理，但是太會找藉口，只會讓人有「不成熟、孩子氣」的印象，人緣也一定很差。

上一代總有嫉妒心

上一代的女性對下一代女人，其實都是豔羨的。不少婆婆內心裡，還存著與媳婦較量的念頭，其實只是辛苦了一輩子，所得到的肯定不足罷了。

有些家庭，母子問題比婆媳問題嚴重，還好母子之間翻臉，比婆媳翻臉容易破鏡重圓，安妮家即是如此。婆家就住在兩條馬路外，先生常常回家探望守寡的母親，雖然母子常有見面機會，但也經常一言不和，引發爭執。

這種狀況，最常發生在老公一個人回家的時候。婆婆是個在外人面前比較注重形象的人，安妮雖是家人，但也算外人，婆婆對她向來十分客氣。但對於自己兒子，可就藏不住話了，有什麼說什麼，說到兒子不高興，還不停下來。因此，安妮常常看到老公在探訪婆婆後氣沖沖地回家，跟她抱怨：「媽年紀越大，問題就越大，說話沒一點邏輯，跟她講話，簡直是一種折磨！如果不板起臉來，表示我生氣了，她就會說個不停！」

跟兒子吵架後，婆婆也常打電話給安妮，抱怨兒子：「越老越兇，對我沒有一點耐心，說他一下也不行？」要安妮評評理。

一個是丈夫，一個是婆婆，安妮自知沒有當法官的資格。

安妮是個聰明人，深知這對母子永遠不會真的翻臉，過兩天必然又是雨過天青。她只能默默聽著老公訴苦、偶爾安慰婆婆兩句：「他其實很在乎妳。」從不在兩人之間扮演溝通橋樑的角色，唯恐越傳話越糟。

這回，母子倆又吵架了。婆婆在兒子一離開之後，馬上打手機給媳婦，語氣激動：「我只不過提醒他，上班

的時候要多注意一點，只是一些做人的道理嘛，他卻很不高興地對我說：『拜託，妳上過班啊？妳懂什麼？不懂就不要說啦。』我覺得他看不起我！哼，我是沒有他以前交的女朋友和老婆能幹啦，他認識的都是妳們這些高學歷的碩士、博士，我這樣的老媽，他不看在眼裡啦……」

婆婆說得憤怒而哽咽，但安妮聽得心裡也不舒服。母子吵架，怎麼連她也掃到颱風尾了？

聽了這番話她才明白，婆婆一直把自己和兒子身邊的女伴們拿來評比，看誰在寶貝兒子心裡比較有份量……

上一代女性對下一代的女人，其實都是豔羨的。不少婆婆內心裡還存著與媳婦較量的念頭，所以有時會用話語製造一些家庭糾紛，其實只是辛苦了一輩子，所得到的肯定不足罷了。

對於這種事情，享有她們所沒有的資源與權利的新一代女性們，只好謙虛一點，別跟她比份量，忘了那些不悅耳的話，多送給她們一些恭維吧。妳當不了她真正的女兒，也不必把她當敵人，好歹就收她做朋友吧！

教你 贏得好人氣

就算不同意，也可以謝謝你

我們唸書時，大多參加過辯論會，擔任過正方、反方，或者擔任其中一方的支持者，努力為自己的那一邊喝采。

我一直覺得傳統辯論形式的競賽不是一種正面教育。辯論賽抽到正方，就得說盡正方有理；抽到反方，你也得翻黑為白，不管心裡真實意見為何，抽到什麼就得為之顛倒黑白。

有些人出社會後還傳承了「辯論精神」，就算事不關己，也明知自己就算在言詞上壓倒了別人，對方也不會心服口服，卻偏要面紅耳赤地把對方殺得落居下風不可，這樣的人當然是人見人畏的鬥雞，談什麼人氣？

很多人喜歡拿政治和宗教立場來辯論，辯到後來除了反目成仇之外，沒有人得到任何好處。何不尊重「一樣米養百樣人」的道理，每個人可以有各自的信仰和執著呢？

比較理想的溝通方式是：雖然我不同意你，但也可以謝謝你。告訴對方：「嗯，你說得還蠻有道理的。」也不用浪費唇舌和他辯論，如果不想聽他再說下去，找個理由開溜就是啦。

Part 4

職場人氣必修課

職場如戰場，爭風吃醋、見縫插針者比比皆是，
只是，報復防衛，毫無意義；退縮逃避，未免因噎廢食。
衷心地為他人喝采，四兩撥千金的聰明應對，
才是穩坐人氣常勝軍的不二法門。

被排擠會製造毒素

她一到店裡來，就只打算賺取學費，完全沒打算交朋友。這樣的訊息，每個人都從她的態度中接收到了，難怪無法對她太友善。

若芬在一家PUB工讀，由於長得高䠷亮麗，工作又勤快，許多客人都很喜歡她，每個晚上得到的小費，甚至比薪水還多。

老闆也賞識她，常在員工面前誇獎若芬能幹，是「本店之光」。

「可是，同事們都不跟我講話，有聚會也自然把我排除在外，」若芬說：「有些人還在背後中傷我，說我和老闆有一腿……讓我工作很不愉快，這些我都忍下來了……我想，只要我業績好，她們中傷我，又有什麼關係呢？」

但是，在一次公司辦的慶生會中，卻發生了一件事。同事們紛紛向壽星若芬敬酒，若芬發現那些原本不理她的女同事，忽然變得很熱情，盛情難卻下，她多喝了幾杯，等到第二天早上醒來，卻發現自己躺在空無一人的店裡，身上

都是嘔吐物，冷得發抖。

所有人都走了，竟然沒有人送她回家！

她當場嚎啕大哭，心想，這個世界真是太涼薄了，女同事們都很奸險，把她灌醉，只是為了讓她出醜！

「她們一定是嫉妒我，這麼做，是想讓我自動離職。我才不！我一定要讓她們好看！」

她假裝沒事，並且更加賣力展開報復、更加賣力工作，甚至到了和同事搶客人的地步。她拒絕交談，也從來不和同事們正眼相對。

整間店的氣氛變得十分詭異，連熟客都可以嗅出其中的火藥味。

終於有一天，老闆把她叫到跟前，訓斥她：「人以和為貴，雖然妳工作努力沒得挑剔，但店裡還是要講究團隊合作，妳怎麼可以把氣氛搞得這麼糟！妳告訴我，店裡這麼多同事，到底有沒有任何一個是妳的朋友？」

被這麼一問，若芬也楞住了。沒錯，沒有一個是她的朋友。

她一到店裡來，就只打算賺取學費，完全沒打算交朋友。這樣的訊息，每個人都從她的態度中接收到了，難怪無法對她太友善。

當一個人覺得被排擠後，就會為自己穿上更厚的鎧甲，
變得退縮、逃避和自我防衛，或動不動就變成一隻刺蝟。

「你們都排擠我」的想法，會漸漸散發出毒素。當一個人覺得自己被排擠後，就會為自己穿上更厚的鎧甲，抵抗可能從外而來的羞辱和傷害。有時候，更會誇大情況，把每個人都當成「同夥」和「假想敵」，變得退縮、逃避和自我防衛，或動不動就變成一隻刺蝟。這樣的狀況，固然讓「敵人」不好受，對自己的心情卻也是最大的懲罰。

只要有人際關係，人就不可能不受到傷害。充滿負面想法的防衛心只會延長傷害的時效，絕不是一面好盾牌。

熱愛鬥爭太天真

暗鬥者太天真，鬥法不見得有效，
只不過贏得自己一剎那爽快，對方毫髮未必有損。

在我主持的節目中，有一集談到「女人惡鬥法」。

女人的惡鬥，歸納來說，可以分成「明鬥」和「暗鬥」。

暗鬥法大家都很熟悉，最具殺傷力的就是謠言八卦。羅織對手私生活不檢點、表裡不一的謠言，是常被使用的招術。

不過，就算用此法攻擊女性對手得分，也常常只能在女人群中破壞對方名譽。多數男性聽了此類謠言，反而會對這位女性平添幻想，不影響她在工作上的高升機會。

到她的網站去攻擊她，也是一種現代暗鬥法。因為攻擊者是匿名的，一個人可以有千千萬萬的化名，像一群小黑蚊般，群起而攻之。不過這種方法，逃

不過警方法眼，如果當事人真要追究，攻擊者還是無所遁形。

暗鬥者太天真，鬥法不見得有效，只不過贏得自己一剎那爽快，對方毫髮未必有損。

女人的明鬥有時顯得好笑，一位資深主播談到從前被惡搞的經驗：她年紀很輕時，便已甚受歡迎，當時還有傳統讀稿機，一邊報新聞，還要一邊按讀稿機。有次播報新聞時，她稿子唸了一半，忽然眼前一黑——稿子的下半段，都被人抹黑了，完全看不到字。

她結巴了一陣，只靠著模糊的記憶拼湊原稿的內容。所幸那篇稿子是她自己寫的，還可略知其中內容，短短幾分鐘，對她而言，如同無盡黑夜，還好最後憑著機智應付過去了。

事後她追查原因，最後幫她處理那篇稿子的，是她最要好的朋友，無可抵賴。逼問下，朋友承認是她幹的。

只是因為嫉妒。「妳才剛做這個工作沒多久，就坐上了主播台，我在這裡工作了好幾年，還要做各種雜務、負責剪接……以我的條件，哪一點比妳差，為什麼妳運氣比我好？」

其實，現代社會的鬥爭比較複雜，競爭者無所不在，把一個人拉下來，升上去的不見得就是妳。就算得逞，得利者也未必是出手相鬥的那個人。

女性鬥爭與男性不太相同，有些女性尤其擅鬥自己的好友。好友瞭解妳，容易比較、也特別容易吃味，但也最容易露出馬腳。總有些蛛絲馬跡顯示，鬥她的人，就在她身邊不遠啊，否則怎會知道得這麼清楚呢？

即使遭到侮辱，也要轉化劣勢

俗話說：「死狗沒人踢。」人只要活著，而且還活得不錯，就可能受到一些或明或暗的攻擊。

受到攻擊時，我們都會暴跳如雷，但是，旁觀者卻常常不會分辨誰對誰錯——誰對誰錯，對第三者而言並不重要，雖然你很無辜，但只要是你被激怒了，別人就會扣你的分數，而攻擊者也會在一旁暗自偷笑、洋洋得意。

歷史上有幾位知名人物，非常會處理這種公然侮辱的問題，而且可以將他人的惡意，處理成讓更多人敬佩他的機智，使自己更有人氣。

教你贏得好人氣

某次公開演講，英國首相威爾遜正講得口沫橫飛，台下忽然有個聲音打斷他，每個人都聽到了「狗屎！垃圾！」的瘋狂叫罵聲。

聽眾注意力被打斷，威爾遜雖也不怎麼高興，卻仍保持不慌不忙的態度，客氣地對著台下的叫囂分子說：「這位先生請稍安勿躁，我等一下就會講到您剛剛提出的環保問題了。」眾人大笑，為他熱烈鼓掌。

大部分的人都忘了這場演講中他所提到的政見，但全記得這一小段插曲，這位首相的風度也令人敬佩至今。

遇到瘋狗型的人，最好不要反應過度，就算沒能立刻反敗為勝，也要先調整一下自己的情緒。有句話說：「人生就像在棒球場上，不是每顆球你都得用力打。」有的壞球，你還是得避過。

經過了很多年，我才領悟到：當別人攻擊你時，他下意識裡就是渴望你和他廝鬥一番，不要中他圈套最好。不理他，他最沮喪。

桃花旺，職場卻走霉運

光有美色，並不會被人當成狐狸精。
工作職場自炫得寵，在人際關係上必然不太美妙。

我的老同學慧婷長得不錯，看起來也很幹練，只不過，她的工作運似乎不怎麼順利。她說自己歷經了三家公司，都因為「老闆娘」看她不順眼，或是女同事個個都嫉妒她，使她工作得很不愉快。

其中一家公司，老闆娘是典型家庭主婦，根本不曾來公司，也不可能知道老闆曾經錄取過這一號人物。但公司卻有人寫了E-mail，向老闆娘打小報告，說慧婷企圖勾引老闆，請老闆娘務必注意其中曖昧，逼得她親自來公司坐陣。

老闆確實對慧婷不差，一聽到這謠言，大為光火，展開地毯式搜查，終於找出寫黑函的人，竟然是與慧婷很熟的女同事。慧婷十分傷心，覺得女人真不可靠，連朋友也會出賣她。老闆要寫黑函的人自動請辭，而他雖然力挺慧婷，

但她已經成為老闆家庭紛爭的導火線，在壓力之下也只好離職。

我很同情慧婷，怎麼會處處遭忌呢？某天碰到一位慧婷現在的女同事，個性並不八卦的她，談起慧婷，只說：「唉，我覺得是她自己二百五啦。」

為什麼？「老闆出現時，她常會太體貼地做些不該她做的事情。比如幫老闆把西裝上的頭皮屑拍掉，而且比老闆的祕書還關心老闆的事。她長得漂亮，老闆當然會注意到這個員工，跟她多說兩句話，但她卻自以為得寵。只要頂頭上司對她的工作表現不滿意，她就會跑去向老闆訴苦；跟同事們聊天時，也言必稱老闆，再三強調老闆對她特別關心，難怪會惹人誤會。」

慧婷並不是一個在兩性關係上隨便的人，只是喜歡讓人知道老闆對她特別照顧而已。我忽然想起，她這種習慣應該是從學生時代就有的吧——只要級任老師疼愛自己，就可以得到一些特權，所以一旦換了老師，便會企圖用各種貼心行為搶當老師面前的紅人。甜美的面容使她無往不利，自然也把這種習慣帶到了工作場合……

光有美色，並不會被人當成狐狸精。工作職場自炫得寵，在人際關係上必然不太美妙。

他隨和，你不能隨便

有些人很隨和、不拘小節，但是你也不能隨便。尤其是屬下對主管。記住，即使你們是朋友，也不可能真的無話不談。

「現在的年輕人怎麼了？想把他當朋友，他就隨便了起來。」江雲說。

江雲是一家報社的資深主編，小玲是大學畢業不久的特約記者，和這條線上的商家都不熟，剛開始時所有採訪都由江雲指派。

小玲採訪時，見識到江雲的人面之廣。每次被訪問者都會要小玲代為向江雲問好，請她轉送該公司的小禮物給江雲。江雲通常會在小玲面前拆了這些小禮物，大部分的東西，隨和又大方的她都會轉送給小玲或其他新進同事。「這些我都有了，你們收下吧。」

小玲因而搞不清楚界線。她想，反正江雲什麼都不要，有些東西不用帶回去給她也無妨。某次，有廠商要小玲轉送一條絲巾給江雲，小玲覺得那種花色

應該不是江雲喜歡的，便在沒有告知的情況下，轉送給自己的姑媽。

不料，那個廠商是江雲的老同學，她還特地打電話問江雲：「我從巴黎買回來的名牌絲巾，妳還喜歡嗎？」江雲當然一頭霧水，只好問小玲。小玲理直氣壯地回答：「我想妳不會喜歡那種花色，我幫妳送給我姑媽了。」

這件事使得江雲對小玲印象開始轉差，覺得小玲做人不誠實，而且不尊重她，竟然在沒有問過她的狀況下就處置她的東西，讓她心裡很不高興。雖然表面上她沒有表示什麼，但也不願意再請小玲寫稿了。

有些人很隨和，不拘小節，但你也不能隨便。尤其是下屬對主管。

不管怎麼熟，你永遠不該在客戶面前提起他們鬧過的笑話。

不管他怎麼尊重你、信任你，你不可以替他做決定。

不管他如何寬容，你不可以越級打小報告。

不管他太太怎麼暗示你，你不可以洩漏他的桃花豔史，連他的行程也不可以。

儘管他會請你到辦公室裡拿東西，但可不代表他允許你擅自坐在他的位子上。記住，即使你們是朋友，也不可能真的無話不談。

到底是抱怨還是炫耀？

被年輕女生喜歡，只要對方不是精神有問題，長得也還算正常，幾乎每個男人都會心中雀躍，享受那種「寶刀未老」的感覺。

「唉，最近我有個愛情問題，能不能請教妳？」大松說。

「我們公司有個剛進來的年輕女生，似乎對我有意思，讓我很傷腦筋。她才二十四歲而已……」

「她怎麼了？」我問。「她又不是我的屬下，有事明明可以去問她主管，卻偏偏喜歡來問我……妳覺得這是因為她喜歡我嗎？」

「可能是因為她覺得你很有親和力啊……」我說。四十歲的大松笑容滿面、嘴又甜，所以只要是女的，不管多大年紀，都會覺得他很好親近。

只不過，我的回答可不是他想要的答案。

「有一次她約我到咖啡廳……說有事要找我討論，故意坐到我旁邊來。我

問她什麼事，她也不說，只是對我一直笑……然後說，她最喜歡我這一型的男人。我想她對我有意思，可是她太小了，我怕……」

「你怕惹麻煩，對不對？」

「是啊。」大松嘆了口氣說：「我怕現在的女生啊，很主動，但是萬一你跟她怎麼樣了，卻又要你負責。我有妻有子，付不起這種代價，不能晚節不保……現在的年輕女生，真是令人刮目相看啊……我真是困擾……」

這時候，他的手機響了，鈴聲正是那首叫《背叛》的歌。

「喂，」他的聲音忽然像被滴進了濃濃的蜜糖，「啊，我在談公事呀，妳在做什麼？好無聊呀，那就用電腦玩玩接龍啦，不要讓妳主管看見喔，嗯，我快回辦公室啦……妳想念我的時間不會太久囉，要珍惜喔。」

他講電話的模樣與語氣，彷彿也像二十四歲。

天吶！一定是那個女生。我和同座友人交換了一個「心知肚明」的眼神。搞什麼嘛，說是女生主動追她，讓他困擾，其實是喜歡得要命……說是請我傾聽或解決他的難題，其實根本是在炫耀。

被年輕女生喜歡，只要對方不是精神有問題，長得也還算正常，幾乎每個

拋媚眼！
接住！
……
新同事超級主動的。
我好苦惱喔！
乖乖，我也好想你唷！
完全看不出煩惱的樣子，倒是桃花開得亂旺的：

男人都會心中雀躍，享受那種「寶刀未老」的感覺。想抓住青春尾巴的人，就會悄悄發展一段曖昧關係。

喜歡說反話的人實在很多，要分清楚一個人到底在抱怨、還是在炫耀，需要一點耐性、一些技巧，千萬不能斷章取義，或馬上給他建議啊。

原來，只是一個愛炫耀自己仍有吸引力的中年男子而已。

教你贏得好人氣

聽出抱怨或炫耀

有些人常使用抱怨口氣，其實他們並不需要你安慰，目的只是在於炫耀。比如，有些女人抱怨男人什麼都管，害她不得自由，但話說到最後，其實是要你肯定：「她的男人確實是很在乎她的。」有些男人抱怨自己忙得沒時間吃飯，話繞了一圈回來，其實是要你稱讚他能者多勞、公司生意好都是他的功勞……

聽完他的話，你就會知道，他需要的不是你的安慰，而是你的讚美。這些人交朋友的目的之一，就是要讓「自我感覺良好」。別打岔、別急著安慰他，免得話不投機，就讓他「抱怨」一下吧。

搬弄是非，害了自己

這種引起全天下女人公憤的事，絕對不能讓老闆娘最後一個知道！於是她打了通電話給老闆娘，相約喝下午茶……

芝萍最近心不甘情不願地辭了職。

「哇，最近敢辭職的人真的不多，妳算是勇士。找到更好的工作了嗎？」我問。

「唉，別說了，我可是『非志願性離職』。老闆每天給我臉色看，把我當成眼中釘，我只好自己走了。」芝萍翻了個白眼說：「妳聽聽看，我到底錯在哪裡？」

事情是這樣的——勤奮工作的老闆以前都是公司最後一個下班的人，但幾個月前開始，下班時間卻變得很準時。身為祕書、熱心又觀察力敏銳的芝萍，自然很快地發現其中有鬼。

老闆一下班，業務部新來的同事美玉也在差不多的時間離開。做某些決策時，老闆似乎也比較偏袒美玉。

觀察了幾次，芝萍幾乎可以斷定，老闆和美玉可能有一腿。某一次，老闆開會，手機放在桌上，她不小心瞄到了一通簡訊，約老闆等一下到附近某餐廳吃午飯，簡訊的寄信人是May——這不是美玉的英文名字嗎？

事不宜遲，芝萍的腦海裡浮現了老闆娘的身影。可憐的老闆娘，總是待在家裡相夫教子，還不知道老公有外遇呢？老闆娘對她還挺不賴的，一臉和氣，打電話來也很客氣，更曾經送過牛肉乾和水果禮盒給她。雖然她沒有請芝萍幫忙監督老闆，但應該有這個意思吧？

芝萍心想，這種引起全天下女人公憤的事，絕對不能讓老闆娘成為最後一個知道的人！於是她打了通電話給老闆娘，相約喝下午茶。

老闆娘聽了她的陳述，臉色倏地慘白，連拿咖啡杯的手都在顫抖，好像隨時會昏倒一樣。芝萍說，雖然她沒有明確證據，但要老闆娘一定得小心。

「謝謝妳告訴我。」臨走前，老闆娘還對她深深鞠了個躬。

「嗯……請不要告訴老闆，是我告訴妳的，好嗎？」芝萍還加了這一句。

此事的結果，我想每個人都可以猜到：老闆娘變得多疑，還跑到辦公室查勤，老闆追問原因，老闆娘忍不住全盤托出，當然也少不了將爪耙子供了出來。某天一進公司，老闆第一句話就是問芝萍：「我是請妳來當祕書，還是請妳來惹事生非？」

從此，芝萍的地位一落千丈，老闆不再交代她做任何事，防她如防賊，芝萍只好自行請辭。

「疏不間親」（關係遠的絕不離間關係親密的），是自古以來的真理。為了顧婚姻，老闆娘當然得出賣芝萍，哪有守密之理？再熱心公益，也要明白，多嘴絕不能不長眼，弄得自己裡外都不是人啊。

武則天與肉包子

當了皇帝之後，武則天尊奉佛教，有一陣子明訂不許殺生。她的大臣們請客，只能以素菜辦桌。

無肉令人瘦，越禁止，人們對於肉更是垂涎三尺。某一天，有位大臣祝壽，同僚們都來慶賀，這位大臣覺得只用素菜招待大家，實在不成敬意，於是殺了豬，做了幾道葷菜和肉包子以饗賓客。反正大家全有份、也都吃了，本來打算心照不宣，沒想到第二天早朝之後，武則天就把這位剛辦完生日宴的大臣叫出來，問他：「你昨天殺了豬，是吧？」

兩個肉包子就擺在面前，嚇得大臣六神無主。他正憂慮不知會招到什麼處罰時，武則天笑了笑，指著告密的那位大臣，對他說：「我只是要提醒你，交朋友小心點！」

大臣感激涕零，從此對武則天五體投地。這段軼事說明了武則天的聰明，會在小處原諒人，基本上是個忠奸分明的君主。她明白會在小地方當爪耙子的人，鐵定不是什麼正派人士。能夠當上皇帝，她靠的不只是美色和會生孩子，而是真的有兩把刷子。

要贏得屬下信任，老闆必須有些明智之舉。辦公室裡豈能沒有謠言、沒有小人，適時展現自己的寬容度和判斷力，才能贏得人心。

應付見不得人家好的人

見不得你好，未必有利害關係。
只因你的存在勾出了他心中的隱痛，所以他損人不利己。

十七歲的孟芳對我說，她覺得女人和女人之間，很難有真正的友誼。

「怎麼說？」年紀這麼小，就說得這麼悲涼，必然有實際體認。

孟芳和小苑從小就是國中同學兼好友，兩人成績差不多，但高中聯考時，孟芳考上第一志願，小苑卻考差了，後來讀了某私立高中。

孟芳以為，唸的學校不會影響友誼，但卻發現小苑常趁她沒出席時，在她們的國中同學之間說她的壞話：「你們看，孟芳自從唸了明星學校之後，嘴臉就變得驕傲起來，她根本不屑和我們在一起！」孟芳覺得很受傷，考上好學校不是她的錯，她自認為態度並沒有變，為什麼反而失去朋友？

少女都很在乎人際關係，含冤莫白讓她很難受。

是的，她沒有錯，錯在她比較好，讓小苑想起自己的挫敗。小苑無法排解這樣的挫折感，於是將它轉為分化和攻擊。

「見不得人家好」的心態，在各年齡層、職業都很常見，也不分性別。

辦公室傳言，志遠表現良好，可能升任經理，官還沒升成，已經有人每天送一封黑函給他老闆，指控志遠浪費公帑、上班溜班、圖利廠商、恃才傲物、人緣不佳……

老闆信任志遠，還把黑函拿給志遠看。志遠自恃品行良好，弄不懂到底誰跟自己有深仇大恨，幹嘛攻擊他呢？他要升的那個經理職位，並沒有其他競爭者啊？經過明查暗訪，才發現是另一個部門的王經理搞的鬼。志遠升任經理，與王經理一點利害關係也沒有，為什麼王經理要如此費力地扯他後腿？仔細推敲，王經理在公司奮鬥了十五年才升官，志遠只花了五年，王經理覺得這樣實在太不公平了……所以才將內心的忿恨轉為射人飛鏢吧。

見不得你好，未必有利害關係。只因你的存在勾出了他心中的隱痛，所以他損人不利己。

網路上更常見，有些人在看不見的暗處張開他的指爪，亮出他的犬齒，攻

擊那些在明處的人，有時放些莫須有的爆料，甚至惡言批評別人長相。他攻擊的人，都不認得他，而他的攻擊，別人也未必會看到，為什麼每天夜裡，他還義憤填膺地不斷發動呢？

這當中必有痛快之處。那種痛快，應可暫時填補自己的茫然與空虛，只可惜對別人的攻擊性永遠無法轉為對自己的建設性，徒然浪費自己人生。

教你贏得好人氣

私人恩怨，請私下解決

不少人會不由自主地將私人恩怨轉化到公事上，這是一種「以私害公」的行為。兩人鬥得互不相讓，其實在大家眼裡，總是兩敗俱傷。若不喜歡他，最好的風度就是不要理他。

也別把那個人的醜事和缺點變成口耳相傳的題材，講起那個人時言辭刻薄，希望別人也對他有一樣的壞印象——用刻薄語調說別人，固然有趣，但也會讓別人不敢與你搭起友誼的橋樑，怕有一天跟你的宿敵一樣，被你隨手砍傷。

不小心說話，就會得罪人

有人得了重病，問醫生，怎麼會這樣？
醫生說：「是你家的基因不好啦……」

有位女星上我的節目談到她看診的趣事。

做健康檢查、照乳房超音波檢查乳癌，她抱怨好痛啊，醫生卻說：「噢，那是當然的，胸部小的人會比較痛。」

醫生說完，並不覺得自己講的話有何問題，這位女星臉上卻是六條線劃了下來。哪個女生喜歡聽人家說她胸部小啊？

不久，她又因生理期問題到醫院檢查。她對醫生說：「真奇怪，以前會有四、五天的，最近兩、三天就結束了，會不會有什麼問題？」

醫生看了看她的病歷表，客觀地對她說：「以妳這個年紀，能有兩、三天就不錯了。」

是的，醫生說的都沒錯，只是措辭也未免太白目了些。

過去就曾經鬧過一場官司，有人得了重病，問醫生怎麼會這樣？醫生說，是你家的基因不好啦，病人越想越氣，最後告了醫生。其實，換個說法不就沒事了？基因和遺傳問題根本是相同的意思，「遺傳問題」的說法也不得罪人，但說「基因不好」就變成對別人家族的侮辱。

病人生了病總是很緊張，醫生看多了同類疾病，態度自然輕鬆客觀，但有時幽默過了頭，也會得罪人。張伯伯心臟血管堵塞，要做心導管手術，心情忐忑不安，問醫生：「這種技術現在應該沒有什麼問題吧？」本來希望醫生告訴他：「很安全，你別擔心。」沒想到醫生自以為幽默地說：「不會啦，我們只擔心你有問題。」

有人得了糖尿病，問醫生：「這個病有希望痊癒嗎？」醫生回答：「這個病一輩子都好不了。」讓病人十分沮喪。醫生說得沒錯，但「這個病需要你長期抗戰，把它當成朋友」，不是好聽多了嗎？

醫生都是專業人士，而且已有「視病猶親」的修養，態度多半親切，但有時並不瞭解，病人去看病，通常已經是在極不舒適或極為擔憂的時刻。對岸曾

經做過調查，在醫療糾紛中，技術引起的問題不到二十%，其他八十%都與服務態度、語言溝通有關。

至於患者最討厭醫生的什麼態度呢？就是「我說了，你也不懂」的不耐煩態度。就算是專業人士，也要學點說話技術，改個說法、換個態度，就會有良性互動，才不會老是抱怨「做人比做事難」。

別亂帶跟班出門

對現代女性而言，工作占掉和情人或老公相處的時間，真是兩難的問題。公私分明，感情未必成功；公私不分明，就連事業也可能失敗。

雜誌總編輯把君菡叫進辦公室裡，冷冷地問她：「上個禮拜我要妳到美食餐廳採訪，妳還帶了誰去？」

君菡說：「噢，我帶了男朋友去，因為……那天他當兵放假，我沒辦法陪他，又怕他不高興，只好請他當司機，載我去採訪……」

「妳覺得這樣好嗎？」女總編輯問。

「沒有什麼好不好的——我的採訪稿如期交出來了……並沒有敷衍了事……」君菡為自己辯解。

「妳有沒有考慮到商家怎麼想？他們不知道妳到底是來採訪的，還是去人家餐廳吃飯的？」

「他們……當時沒有表示意見啊。我本來只是要男朋友在旁邊坐著等我，他們還招待他吃了一頓呢。他並沒有妨礙我採訪……」是誰跟總編輯打小報告呢？難道是那個貌似忠厚的攝影記者阿方嗎？這個社會真是太險惡了，君菡這麼想。

二十四歲的君菡對我說：「我們總編輯自己失婚，就嫉妒別人的幸福。那天是星期天，我用自己的假日去工作，帶著男朋友，難道有錯嗎？我想她就是工作太過度、公私太分明，沒有時間陪老公，老公才會跑掉吧。」

對現代女性而言，工作占掉和情人或老公相處的時間，已是常事，這真是兩難的問題。公私分明，感情未必成功；公私

不分明，就連事業也可能失敗。

如果君菡是我的員工，我想我也會勸她：「建立專業就不要讓別人覺得妳不能獨立作業。」妳可以用較迅捷的方式完成工作，或請男友到隔壁咖啡廳等妳，不用讓他待在現場。在現場等，可能會很無聊，妳做起事來，也可能不自覺地要看看他的反應、招呼他幾聲，沒法太專心。

探班與跟班不同。就算是自由度很高的工作，也不宜讓另一半來跟班。平時我在攝影棚工作，常看到明星的另一半來探班，大家都認為他們的感情令人稱羨，但若另一半每次都來，別人可能就會覺得這個人獨立性很差、或被盯得很緊，好可憐。

連續劇的導演最討厭演員的另一半跟班。尤其拍感情戲時，連導演都覺得綁手綁腳，再厲害的演員也很難發揮最精湛的演技！

愛情因為工作過勞死

忙不過來的人，脾氣一定急，
若再因不得不的缺席來責怪他們，常會給已經疏離的感情最後一擊。

亦佳近來很消沉，原來是「快失戀了」。

她在媒體工作，最近公司改組，新上司以訓練能力為由，加派了好多工作給她，幾乎要她全台灣跑透透，過家門而不入是常有的事。

她的男友阿森，對於女友工作的改變，本來很支持，但隨著亦佳能夠陪他的時間越來越少，阿森不高興的時候就越來越多了。

連他的生日，她都只能打一通電話祝賀。阿森接到電話時「沒關係，我一個人過生日，可以順便安靜一下，想想未來」的幽怨語氣，使被遠派到上海採訪的亦佳打了個寒顫，卻又無能為力。

「下個禮拜我的事情比較少，我再好好陪你好不好？」

「唉，」阿森竟曲解她的意思：「我也不是沒事幹，每天等著妳來陪我。我也很忙，有很多事要做……」

一想到阿森的不悅反應，亦佳對於打電話給阿森越來越害怕，甚至認為阿森另結新歡，想要和她分手。

人夫阿南也遇到一樣的問題。多年婚姻本來相安無事，但因最近他的職務調動，從閒差變成勞碌命，答應太太可以出席的家族聚會、音樂會、家長會，黃牛了好幾次。太太剛開始還會安慰他，後來說話也越來越酸：「這樣下去，人家會以為我們是單親家庭。」「怎麼？又趕不過來了。好吧，那我也只好去跟人家道歉、解釋了……」

「難道妳叫我辭職嗎？」有一次，阿南忍不住，對說了酸話的妻子大吼：「我也是為了家庭在奮鬥，妳為什麼要給我這麼大的壓力？」

妻子被他的怒氣嚇了一跳，滿臉歉意說：「我沒有這個意思，我不是故意的……」

忙不過來的人，脾氣一定急，如果再因為他們不得不的缺席來責怪他們，常會給已經變得疏離的感情最後一擊。然而，一時被疏遠的人，對於不時拜訪

的孤獨感也必定難以消受。俗話說：「解鈴還需繫鈴人。」碰到這種狀況時，如果忙碌的人還可以提醒自己定時問安，主動表達關懷，相信「漸行漸遠」的危機可以減到最低。

最怕因為工作忙，就理所當然對另一方不聞不問，他一來電，就視為打擾，以「你是來亂的嗎？」的語氣對付他，如此一來，不胡思亂想也難。

找藉口是不會有人相信的

「工作壓力」、「精神負荷」還有「失戀」，常被女生當成無法好好工作的藉口。事實上，這些都是很爛的藉口，徒然顯得妳抗壓性不足。

「嘿，關於演講的事情，我的新祕書有跟妳連絡嗎？」經營公關公司的芝穎打電話來，口氣裡有點氣急敗壞的味道。

「演講？沒有啊。」我查了一下行事曆：「什麼時候的演講？」

「下個禮拜二啊。」

「沒有。」我肯定地說。

「唉，真是的。上個月就請她跟你敲時間了。」

我很確定沒有人打電話給我。

和我相識多年的芝穎嘆了口氣說：「唉，這是這個月內她惹出的第五個麻煩了。妳知道她還做了什麼事嗎？我要她去幫我報價、連絡事情，她都說好，

結果每一件事都是有聽沒有做到。直到客戶打電話來問我：『是不是生意太好，忙得沒辦法接了？否則，要你們公司來報價，怎麼過兩個禮拜一點消息也沒有？』我才知道一定有某個人出了問題。」

這位新祕書出的問題還蠻可怕的，有些聽來很離奇：芝穎要她代表公司去開會，她說好，卻根本沒有出席，而且完全不告知公司，所以也來不及另派人員參加。

看在舊識的面子上，我只好硬著頭皮在最火速的時間內，準備演講資料上場。

那天，我一看到芝穎，她把我帶到一旁說：「唉，現在的好員工難找啊。我真的不知道自己到底做錯了什麼。我把那位不斷出問題的女生找來談，她本來還想說謊，後來竟然說，不是她不願把工作做好，而是她的工作壓力太大，讓她每天晚上睡不著，精神上很不對勁，所以她記不得自己有哪些工作。現在她終於恢復了，請我諒解……」

「妳的打算是？」

「我實在沒辦法信任她，公司的商譽很重要，我怎麼知道哪天她又會工作

壓力過大、人間蒸發……說實在的，我真的不知道她的壓力為什麼會大，她做的工作並沒有比其他同事多啊……」

「工作壓力過大」、「精神負荷過大」還有「失戀」，常被女生當成無法好好工作的藉口。事實上，這些都是很爛的藉口，徒然顯得妳抗壓性不足。如果公司再把妳留下，等於為自己裝了一顆不定時炸彈。

就算有天塌下來的事情讓你無法完成工作，也要向公司報備一聲，讓主管有時間找人代替，而不是蒙混過去。

預先告知，就好像預告水壩決堤，別人還來得及遷居；事後懺悔，如同洪水氾濫，已經造成災難。

女人人面太廣不會幸福？

要工作上強勢的女人在家收起她的強勢並不容易。她必須提醒自己：家裡不是職場，和另一半鬥個你死我活，沒有人會升官發財！

小春是個資深女記者，昔日跑過黨政和金融要聞，雖然頗具姿色，但感情路和婚姻路都很坎坷。

曾留在她身邊的男人，都不是壞男人，也都曾與她甜甜蜜蜜度過一段好日子，但分手時，都是不歡而散。

與她喝下午茶時，她感嘆道：「我最近才發現，我並不容易幸福，是因為做這個行業的緣故。」

「這個行業，識人太多。」她說。「當記者訪問的多半是成功人士，看到的都是威風八面、握有權柄的一時俊秀。能幹的人認識多了，難免把他們拿來跟身邊的男人比，發現自己身邊的男人顯得平庸許多，總覺得心裡有氣。」

「不只是我，我有不少同行，都有同樣毛病，人面太廣，婚姻都不美滿。常在美女堆裡混的男人，久而久之，難免嫌起元配長相；常與優秀人才打照面的女人，也很容易覺得另一半事事不如人，不久便挑剔起來，爭執就這樣產生了。」

然後，她嫌他沒出息，他嫌她太強勢；兩個人漸行漸遠。

聽來有道理，婚姻不美滿，怪在工作頭上。

沒錯，見多識廣的女人比以家為生活圓周中心的女人，更會挑剔另一半。她們看到的優秀人才比較多，對於如何待人處世意見較多，主觀意識也很強，再加上經濟很自主，與伴侶爭執時，確實比較難退一步想。

不少職業婦女為家事與另一半爭吵時，常會脫口說出這樣的話：「喂，不是只有你有工作，我也有工作，我回家也很累，為什麼你不體恤我一點！」

或不忘提醒另一半：「這個家不是只有你在養！」

這些話，女人碰到爭執時，不吐不快，但男人都承認，聽在耳朵裡，還真不舒服。

要工作上強勢的女人在家收起她的強勢並不容易。她必須提醒自己：家裡

不是職場，和另一半鬥個你死我活，沒有人會升官發財！

「優秀女知青」的婚姻能夠圓滿，其實都有運氣好的成分在內：另一半很了解她，天性溫柔體貼為她著想；或另一半肚量大，不愛計較小事，才能天長地久。

她也必須沒有「比較心」，要深記枕邊人的優點與強項，不會老是把成功人士拉過來跟他評比。

她還要對人性有點了解：這個世界，很多人都是金玉其外，看來很優質的男人，未必是很優質的老公，每個人難搞的地方，都不是「外人」看得到的！

聰明女的必備修養

對於女人的聰明，抱持著高度敵意的，竟然多是女人。有些女人花了許多時間攻擊同類，只是為了不讓自己相形見絀、心裡好過一點。

有一首老歌叫《女人何苦為難女人》，講的是外遇。其實不只是外遇，先除去自古有之的婆媳問題、因為重男輕女產生的母女情結，女人為難女人的地方並不少。

女人未必真的有能力為難女人，但是看不順眼、說兩句閒話，是很常見的現象。

女人多半有同情心，所以她們看不順眼的，未必是弱者，常是強者。一個女人若自小鶴立雞群，通常不會有什麼朋友。

女人工作能力強，其他女人就會批為「強勢」或「蠻橫」，認為：「男人應該會受不了吧。」也會私底下同情起她身邊的男人，如果婚姻出了問題，有

些人還會暗自額手稱慶，覺得理當如此。

女人如果學歷高，就會有其他女人覺得她一定很傲慢，她的自信常會被視為一種對其他人的鄙夷。向來第一志願的女校或大學都被傳說「無美女」，可為證明。

女人如果很有才華或聰明過人，也會被唱衰成「無用」、貶抑為「盛氣凌人」；女人如果含著金湯匙出生，交的朋友多半只限於同一個財富階級，因為她會被形容成一個不知民間疾苦、本身沒有能力的千金小姐。

女人如果胸部很大、身材很好，鄙夷她「胸大無腦」的女人，會比男人多很多。

女人離了婚，不管什麼原因，別的女人心中常會認為那必是一樁醜聞、一個人生大敗筆……一定有什麼缺點，才會被別人休了吧。

最近英國牛津大學有個女博士生吉兒，在知名益智節目中過關斬將，打破了個人最多答題數的記錄，紅遍該國，被譽為「全英最聰明的女性」。但這位叫吉兒的女孩也引起許多攻擊，有人說她愛表現；有人說她自恃聰明的笑容令人討厭；有人罵她是厲害的臭婆娘；有人說她狂妄自大……值得注意的是，罵她的人幾乎清一色都是女性。針對這一點，吉兒表示非常訝異。

對於女人的聰明，抱持著高度敵意的，竟然多是女人！

有些女人，花了許多時間攻擊同類，通常只是為了不讓自己相形見絀、心裡好過一點。但切記，否定她人優點，自己無法成長；常對一件好事進行負面解析，不自覺就會避開了自己積極進化的可能。

會喝采的人才會成功

要為別人的成功真心喝采實在很難，特別是在自己不如意的時候，任何好事發生在別人身上，都像在對自己示威……

青年才俊趙元，成為一家跨國公司台灣分公司的CEO。向他恭喜並討請客的人太多，盛情難卻之下，他於是包下了小餐廳，請了二十個好朋友夫妻一起吃飯。

席間，大家都跟他道恭喜。但他的老同學陳剛喝醉了，不該在這場合說的話，也全都溜出口。

陳剛拍拍趙元的肩膀說：「唉呀老兄，你真是太厲害了，連洋鬼子都知道你有一套，馬上讓你當頭頭。想當初我們唸大學的時候，作弊都是我罩你，沒想到你比我強多了。」

陳剛才剛被公司裁員，心情不好。他的妻子在一旁勸他別喝太多，但他還

是一杯接一杯地喝。

他的話酸味瀰漫：

「你什麼都比我強，對吧！長得比我帥，家裡比我有錢，職位比我高，連老婆都比我的漂亮！你了不起啊你！」

陳剛出手拍趙元肩膀的力氣越來越大，趙元覺得難以招架，幾個沒醉的同學見狀，趕快來解圍。

陳剛的妻子看在心裡，好生難受。她知道丈夫自視甚高，很愛面子，這幾年來很不得意，喝了酒才會控制不住，所以也不想說他。

「趙元是他最好的朋友，怎麼說話一股酸味，讓每個人一聽，都覺得他心胸狹窄……」他的妻子在私底下抱怨道。

最糟的是，不久後，陳剛還沒找到新東家，妻子卻偏巧從副理升為經理，這件事實在值得高興，但她回家根本不敢告訴老公。對一個失意又自尊心強的人來說，對他宣布自己的高升消息，頗有示威的味道。

要為別人的成功真心喝采實在很難，特別是在自己不如意的時候，任何好事發生在別人身上，都像在對自己示威。講話酸裡酸氣還算好，再沒修養點的

會在背後攻擊、甚至化名攻擊，把自己的嫉妒心化身為公平正義的使者，找各種理由中傷那些春風得意的人。

在我看來，陳剛並不是真正的小心眼。每個人倒楣的時候，聽到自己朋友的好運道，多少都會有點酸酸的感覺，心裡無聲地感嘆：「憑什麼他的運氣比我好？」只是碰巧他酒後吐真言。

很多人不只嫉妒朋友，連枕邊人的好運也會嫉妒，雖然，妻子的好運對自己絕沒壞處，甚至可能會一起沾光，但他卻覺得芒刺在背。

真心為別人成功喝采雖然難，卻是人生必備修養。只有如此，你在最落魄的時候，還是一個心靈健全的君子。

公司福利太好難應變

一出社會就進大公司或大型公家機關，固然人人稱羨，但在安逸的環境中，適應性和競爭力常會因此大打折扣。

這一年來，不少公司都出現無預警裁員的現象，就算位高權重，也可能在一夕之間失去工作。

麥可本是美商公司的高階主管，過著逍遙安穩的日子，不久前該分公司忽然被總公司賣掉，他也在措手不及中失業了。

還好他的履歷相當完整，很快地，他就找到另一家大公司的工作，職位也在可以接受的範圍。

問題在於，這家大公司是很本土的公司，老闆不但會在開會時以三字經辱罵資深員工，還會在半夜打電話給主管，不管是不是他負責任，一生起氣就罵到天亮，公司之間各部門主管的溝通方式也很草莽。從小在貴族學校讀書，始

終品學兼優，一畢業就進入美商公司的麥可，在適應公司的文化上有很大的困難。

男人在工作上遇到阻礙，總會影響到他的家庭關係。他的妻子雖然想分憂解勞，卻也對他的沮喪無能為力。

「我真不知道怎麼樣讓他適應這個公司的文化，卻又不能勸他辭職，因為我們家的經濟全靠他。」妻子說。

麥可不只無法適應公司的文化，對於公司的福利制度也很有意見。以前，他的座車是公司配給的，還附帶一個司機，連油錢都不用自己出；現在，他只能自己開車上班，公司連停車位都要向員工收費。以前，應酬費用無上限；現在，所有應酬費用都要自己先出，向公司報帳還常被財務部門刁難。

以前，週休二日，幾乎很少加班；現在，天天加班，沒有加班費就算了，在快下班時，上級還會故意交代緊急交辦事項。

以前，對於老闆只要溫文儒雅地禮尚往來；現在，老闆頤指氣使，還習慣下面的人逢迎拍馬，讓人難以忍耐……

「我問他，只有他受到不平等待遇，還是該公司每個人的遭遇都一樣？他

說都一樣。如果都一樣，就不能不忍耐吧。可是，我只要多說一句話，他就會有很大的情緒反彈，說我懂什麼。」妻子說。

這些年來，我看過不少和麥可一樣的高階上班族，因時勢所逼，從大公司到小公司、從福利佳的外商公司到本土企業，或是公營機構民營化，都有嚴重的不適應問題。從不適應到認命，至少要花上一兩年，才能接受「不合理的要求叫磨練」的事實。

人人都希望擁有好福利，一出社會就進大公司或大型公家機關，固然人人稱羨，但在安逸的環境中，適應性和競爭力常會因此大打折扣。如果你一出校門卻找不到好工作，反而能夠擁有超強耐力、適應各種磨練，才是人生中最大的一筆資產。

往光明面看才有希望

與其擔憂未來，不如享受一些小小的、確定的幸福。掌握那些現在可以掌握的，我們就擁有了希望。

有個朋友拿了一個算命遊戲要我作答：「請各以兩個字的詞彙來形容下列事物：狗、貓、鼠、咖啡、海洋。不可以思考太久，請用直覺回答。」

「嗯，好吧。」

我拿了筆在紙上寫下：

狗——忠實；貓——溫暖；鼠——勤勞；咖啡——享受；海洋——壯闊。

答案揭曉，他說：狗，代表自己的性格；貓，代表你對朋友和夥伴的感想；鼠，代表你的敵人；咖啡是你的性愛感覺；海洋是你的人生觀。

我看了他的答案，莞爾一笑。自己反省了一下：說我自己忠實嘛，也不一定啦，但我喜歡當一個有責任感的人。

我自己養貓，對貓沒有任何負面印象，牠們真是一種愛乾淨且貼心的小動物，對我而言如同家人。凡被我列為朋友和夥伴的人，確實都是溫暖的。我常覺得自己人生中最寶貴的資產，就是擁有一些可以寒冬幫忙送暖、暑夏幫忙散熱的友人。當然，朋友是禮尚往來的，我對朋友也一樣。

敵人嘛，人生在世難免有一些。不知怎地，就是有人會看我們不順眼，在網路世界，也有不少人生性喜歡躲在暗處亂咬，像老鼠一樣。有時你還得佩服老鼠，有的布袋裡，並不存在牠想吃的米糧，但牠還是要費盡心思地咬。損人不利己的事，牠還樂此不疲，這不是勤勞是什麼？

而人生在世，如果能活得波瀾壯濶，把性與愛都當成一種享受，那也死而無憾了。

「妳這個人還挺樂觀的，對任何東西都沒什麼負面形容詞嘛。」朋友說。

其實，我不算是天性樂觀的人，做一件事之前，通常會想到最糟的一面：如果失敗了，那我該怎麼辦呢？如果最糟的結果擺在眼前，而我還負擔得起，那麼，我才會想到，要怎麼執行，才能往上加分？

人家都說，時機不好，金融風暴不知道還有多少未爆彈，未來還可能引發

大裁員潮，各種恐嚇到處充斥，大多數人的心情都好不起來。在我看來，與其擔憂未來，不如享受一些小小的、確定的幸福。冬日的陽光是幸福，和朋友相聚是幸福，好好吃一頓飯是幸福，看一場電影也是幸福，掌握那些現在可以掌握的，我們就擁有了希望。

教你贏得好人氣

你該給他建議嗎？

是不是該給別人建議，是職場上很令人困擾的問題，愛情問題也是如此。

因為，有些人想聽的不是你的建議，而是想聽聽，你的建議是否與他心裡想的一樣。如果不一樣，你真心提出的看法，反而會受到他很大的反撲，會有吃力不討好、好心給雷親的感覺。

「我應該跟他分手嗎？」「我現在出來創業會成功嗎？」很多人喜歡問別人意見，雖然，他們應該比你更了解自己。

不妨先聽聽他們的想法吧：「你自己認為呢？」其實，問問題的人，通常已有定見，只是困惑著要不要把心裡的話說出來、有沒有足夠的自信支持這個想法。有時在討論中，他們的主見會越來越清晰，你就幫到他們了。

會收爛攤子就是好人

面臨無法收拾的爛攤子，卻還站在原地善盡本分的人，才是真英雄，將來必有更好的前途。只因人人明白，他的人格值得信任。

不知是景氣不佳，還是不斷招收會員終致經營不善，這些年來，我所加入的健身中心，每一家都倒了。

前前後後，至少有四家。不管品牌再好，沒有不倒的。

除了健身中心之外，美容護膚、按摩SPA，只要變成長期會員，我幾乎沒有一次將該有的權利享受完。有的不是因為該中心倒閉，而是受不了他們每隔一段時間就開始說服客人再加多少費用、再買多少療程的持續嘮叨。

我曾算過，若按使用次數來計算，加入會員實在划不來，雖然單次計費昂貴，還是比較划算。不過，我總是受不了人情上的遊說，因而重蹈覆轍多次。

這種經驗當然不會讓人感到愉快。不過，倒楣的經驗中也有美好的部分，

最近我碰到了一位負責任的行銷主管。

她發信道歉，表示該中心在員工也很愕然的狀況下倒閉了，實在對不起客戶。她提供了幾個方案，若想依法求償，可與她連絡，她會盡力幫忙維護客戶的權益。

她的電話不會變，信箱也不會變。

老實說，在這種狀況下，負責人都無法收場，小員工自可避不見面，她也是受害者吧。這樣的服務精神很讓人佩服，明知城門著了火，可能殃及池魚，免不了要被客戶臭罵一頓，也無法用抱歉來安撫大部分客人的損失，但她還是沒有逃走，勇於面對現實，已經很了不起了。

我也回了一封很善意的信給她，說我明白該中心負責人的為人，如今面臨這樣的局面，必然是因為資金缺口過大，再也撐不下去，並不是捲款逃走，我無意求償。我相信，面臨無法收拾的爛攤子，卻還站在原地善盡本分的人，才是真英雄，將來必有更好的前途。只因人人明白，他的人格值得信任。

曾聽見有人讚美過一位超級理專：「當股災又逢熊市，大部分投資建議都失策，幾乎沒有理專敢打電話給客人，只有她還定期和客人連絡，解釋所有的

損失，繼續她的熱情服務，就算被客人罵了，她也毫不退縮。所以她的客人一個也沒跑，反而還介紹新客戶給她，牛市之後，她的業務越來越發達。」

在不可收拾時，還願意面對爛攤子，是最難得的工作道德，上天會給他最好的報償。

＊　＊　＊

發表這篇文章時，雖然我故意隱其名，沒有寫出那位行銷主管的名字，但後來她還是看到了，並回了一封信給我：

淡如姐姐　您好

一如往常拜讀您的專欄，看完〈會收爛攤子就是好人〉，心中感慨萬千。

謝謝您願意用善良的心態來看待自身所遭遇的損失，

這也提醒我，還要多些耐心與善心，來看待部分惡劣的態度或語氣。

在自身遭遇損失的時候，還能看到對方的損失，進而釋懷、原諒，

我想～您一定是最有福氣的人了～祝福您～

×××敬上

教你贏得好人氣

面對爛攤子，你要做的是……

♥這是一種對人生很重要的災難重建法，當你的公司出了事，或明明不是你的錯，卻必須收爛攤子時，最糟的方法就是躲起來。地球是圓的，躲起來總有一天仍會被找到，面對才是最好的選擇。

♥對受害者要有同理心，表示你為他們設想過。

♥被責難時可以安慰自己：你不過是代罪羔羊，他們有權發脾氣，但並不是真的對你生氣。

♥誠懇傾聽，不要反駁，以免增添客戶怒火。

♥不要裝作不知道，至少以E-mail傳達你的歉意，表示你「還在」。

寫下你的人氣小秘訣

HOHO

作家作品集 CM0053

人氣管理幸福學

作　者—吳淡如
主　編—郭玢玢
編　輯—王俞惠
校　對—吳淡如、郭玢玢、王俞惠
插　畫—巧　可
美術編輯—周家瑤
專案企劃—艾青荷
董事長—孫思照
發行人
總經理—莫昭平
總編輯—林馨琴
出版者—時報文化出版企業股份有限公司
10803台北市和平西路三段二四〇號五樓
發行專線—（〇二）二三〇六—六八四二
讀者服務專線—〇八〇〇—二三一—七〇五・（〇二）二三〇四—七一〇三
讀者服務傳真—（〇二）二三〇四—六八五八
郵撥—一九三四四七二四時報文化出版公司
信箱—台北郵政七九～九九信箱
時報悅讀網—http://www.readingtimes.com.tw
電子郵件信箱—ctliving@readingtimes.com.tw
法律顧問—理律法律事務所　陳長文律師、李念祖律師
印　刷—詠豐印刷有限公司
初版一刷—二〇〇九年四月二十七日
定　價—新台幣二六〇元
⊙行政院新聞局局版北市業字第八〇號

ISBN：978-957-13-5018-9
Printed in Taiwan

國家圖書館出版品預行編目資料

人氣管理幸福學 / 吳淡如著. -- 初版. -- 臺北市：時報文化, 2009.04
面；　公分. --（作家作品集；53）

ISBN 978-957-13-5018-9（平裝）

1. 人際關係　2. 溝通

177.3　　98005639

編號：CM0053	書名：**人氣管理幸福學**
姓名：	性別：　1.男　2.女
出生日期：　年　月　日	連絡電話：

______ 學歷：1.小學　2.國中　3.高中　4.大專　5.研究所（含以上）

______ 職業：1.學生　2.公務（含軍警）　3.家管　4.服務　5.金融　6.製造　7.資訊　8.大眾傳播　9.自由業　10.農漁牧　11.退休　12.其他

通訊地址：□□□______縣（市）______鄉鎮區______村______里______鄰______路（街）______段______巷______弄______號______樓

E-mail address：______

（下列資料請以數字塡在每題前之空格處）

______ 購書地點
1.書店　2.書展　3.書報攤　4.郵購　5.網路　6.直銷　7.贈閱　8.其他 ______

______ 您從哪裡得知本書
1.書店　2.報紙廣告　3.報紙專欄　4.雜誌廣告　5.網路資訊
6.親友介紹　7.DM廣告傳單　8.其他 ______

______ 您希望我們為您出版哪一類的作品
1.心理　2.勵志　3.成長　4.潛能　5.知識　6.其他 ______

您對本書的意見
______ 內容　1.滿意　2.尚可　3.應改進
______ 編輯　1.滿意　2.尚可　3.應改進
______ 封面設計　1.滿意　2.尚可　3.應改進
______ 校對　1.滿意　2.尚可　3.應改進
______ 定價　1.偏低　2.適中　3.偏高

您的建議

______

______

______

______

請沿虛線撕下後對折裝訂寄回，謝謝！

吳淡如 作品集

在熱情的生活裡踩下燦爛的腳印；
在學習與改變中創造自己的價值。

請踴躍寄回本卡，將可獲得吳淡如的最新出版訊息。

請沿虛線摺下裝訂，謝謝！

廣告回郵
北區郵政管理局登
記證北台字2218號
免貼郵票

時報出版

地址：台北市108和平西路三段240號5F
電話：（0800）231-705（讀者免費服務專線）
（02）2306-6842・2304-7103（讀者服務中心）
郵撥：19344724時報出版公司

請寄回這張服務卡（免貼郵票），您可以——

- ●隨時收到最新消息。
- ●參加專為您設計的各項回饋優惠活動。